法天使
fatianshi.cn

中国合同大全

中国合同分类法

（第一版）

法律出版社
LAW PRESS · CHINA

主编

何 力

法天使－中国合同库创始人
北京市盈科律师事务所高级合伙人律师
钱伯斯、ALB、Legal500 上榜律师

编委会成员（按照姓氏拼音排序）

蔡春雷

北京市京师律师事务所创始人合伙人
2017 年中国不良资产十大行业人物
北京市朝阳区律师协会副会长

常金光

法天使－中国合同库创始人

陈 遥

湖南天地人律师事务所律师

编委会成员（按照姓氏拼音排序）

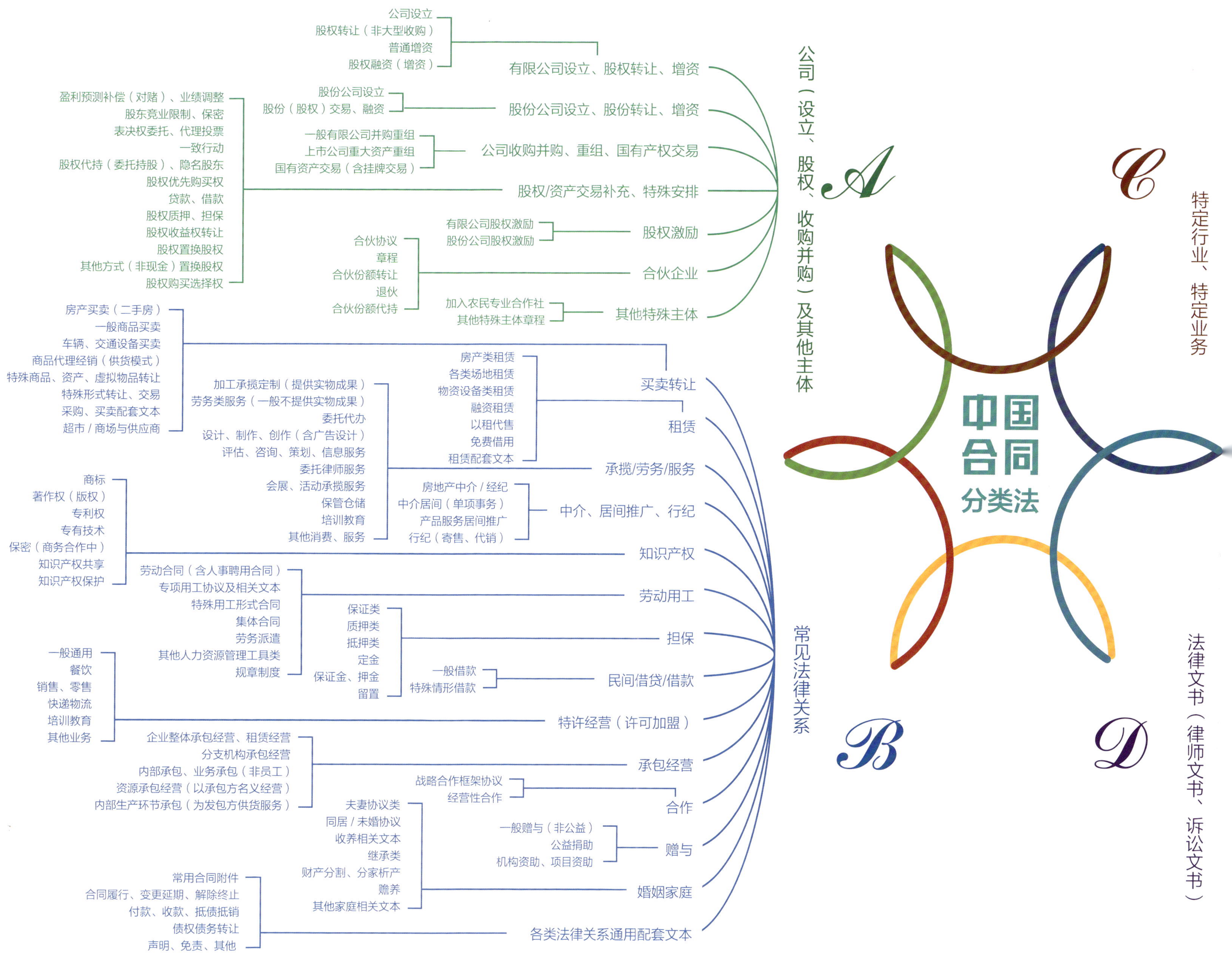
中国合同分类法
A
公司（设立、股权、收购并购）及其他主体
有限公司设立、股权转让、增资
公司设立
股权转让（非大型收购）
普通增资
股权融资（增资）
股份公司设立、股份转让、增资
股份公司设立
股份（股权）交易、融资
公司收购并购、重组、国有产权交易
一般有限公司并购重组
上市公司重大资产重组
国有资产交易（含挂牌交易）
股权/资产交易补充、特殊安排
盈利预测补偿（对赌）、业绩调整
股东竞业限制、保密
表决权委托、代理投票
一致行动
股权代持（委托持股）、隐名股东
股权优先购买权
贷款、借款
股权质押、担保
股权收益权转让
股权置换股权
其他方式（非现金）置换股权
股权购买选择权
股权激励
有限公司股权激励
股份公司股权激励
合伙企业
合伙协议
章程
合伙份额转让
退伙
合伙份额代持
其他特殊主体
加入农民专业合作社
其他特殊主体章程
B
常见法律关系
买卖转让
房产买卖（二手房）
一般商品买卖
车辆、交通设备买卖
商品代理经销（供货模式）
特殊商品、资产、虚拟物品转让
特殊形式转让、交易
采购、买卖配套文本
超市 / 商场与供应商
租赁
房产类租赁
各类场地租赁
物资设备类租赁
融资租赁
以租代售
免费借用
租赁配套文本
承揽/劳务/服务
加工承揽定制（提供实物成果）
劳务类服务（一般不提供实物成果）
委托代办
设计、制作、创作（含广告设计）
评估、咨询、策划、信息服务
委托律师服务
会展、活动承揽服务
保管仓储
培训教育
其他消费、服务
中介、居间推广、行纪
房地产中介 / 经纪
中介居间（单项事务）
产品服务居间推广
行纪（寄售、代销）
知识产权
商标
著作权（版权）
专利权
专有技术
保密（商务合作中）
知识产权共享
知识产权保护
劳动用工
劳动合同（含人事聘用合同）
专项用工协议及相关文本
特殊用工形式合同
集体合同
劳务派遣
其他人力资源管理工具类
规章制度
担保
保证类
质押类
抵押类
定金
保证金、押金
留置
民间借贷/借款
一般借款
特殊情形借款
特许经营（许可加盟）
一般通用
餐饮
销售、零售
快递物流
培训教育
其他业务
承包经营
企业整体承包经营、租赁经营
分支机构承包经营
内部承包、业务承包（非员工）
资源承包经营（以承包方名义经营）
内部生产环节承包（为发包方供货服务）
合作
战略合作框架协议
经营性合作
赠与
一般赠与（非公益）
公益捐助
机构资助、项目资助
婚姻家庭
夫妻协议类
同居 / 未婚协议
收养相关文本
继承类
财产分割、分家析产
赡养
其他家庭相关文本
各类法律关系通用配套文本
常用合同附件
合同履行、变更延期、解除终止
付款、收款、抵债抵销
债权债务转让
声明、免责、其他
C
特定行业、特定业务
D
法律文书（律师文书、诉讼文书）

- 房地产开发、运营
  - 土地一级开发
  - 土地使用权
  - 拆迁
  - 委托服务（咨询、评估、设计等）
  - 房屋买卖（一手房）
  - 房地产招商运营推广
  - 物业管理
- 建设工程
  - 监理
  - 建设工程总包
  - 分包、分项工程
  - 安装工程、机电工程（含采购加安装施工）
  - 装饰装修施工
  - 施工配套、补充
  - 建设施工内部管理
- 金保险证券期货
  - 保理业务
  - 银行业务
  - 民间金融
  - 保险
  - 证券期货、资产管理业务
  - 信托
  - 场外衍生金融产品交易
- 私募基金（设立、募资、管理）
  - 合伙制基金设立（合伙协议）
  - 契约型基金
  - 基金管理制度
  - 基金管理 / 托管合同
  - 资金托管、监管
- 软件、IT、游戏开发运营
  - 软件、网站、APP 开发
  - 软件（部分硬件）销售、许可使用、IT 服务
  - 软件代理经销
  - 网站、软件用户协议
  - 网络游戏制作开发、发行运营
- 物流运输
  - 货运
  - 客运
  - 物流合作经营
- 影视剧融资、制作与发行
  - 影视剧投资
  - 合作拍摄
  - 素材创作、许可、制作
  - 场地、后勤、剧务类
  - 影视剧组劳务聘用
  - 发行许可放映
- 演艺
  - 演艺经纪
  - 演出活动举办、承办
  - 演出发行、转播
- 体育
  - 运动员经纪、商业开发
  - 赛事举办、承办
  - 赛事转播
  - 赛事特许经营、衍生品开发
  - 运动员管理、志愿者
- 矿产资源
  - 探矿权出让、转让、合作
  - 采矿权出让、转让、合作
  - 评估咨询、勘查、工程设计、施工、监理
  - 压覆矿产
  - 矿业居间服务
- 公用事业
  - 用水
  - 供热、采暖
  - 电力
  - 燃气
  - 电信、宽带
  - 有线电视
  - 医疗、卫生
  - 公共教育
  - 科研
- PPP及其它社会资本合作
  - 前期框架协议
  - PPP 项目合同
  - PPP 项目公司股东协议
  - 公用事业特许经营
- 农业林业承包经营
  - 土地承包经营权及流转
  - 集体林地承包经营权及流转
  - 农村土地承包（其他方式承包）、租赁
  - 农业机械服务
  - 农业技术服务
- 广告营销推广、展览赞助
  - 广告代理
  - 传统媒体广告发布、陈列服务
  - 广告代言、形象代言
  - 网络广告、网络推广
  - 参展、活动（体育演出等）赞助
- 旅游
  - 旅游服务
  - 旅游业合作
- 不良资产处置
  - 收购（债权转让）意向协议
  - 不良资产收购（债权转让）协议
  - 债权转让配套文本（非合同）
  - 交易所服务
  - 委托清收服务

- 民事诉讼
  - 起诉状、申请（分案由）
  - 反诉
  - 各类申请（各类案由通用）
  - 答辩意见、答辩状
  - 代理意见、代理词
  - 二审相关文书
  - 再审、申诉相关文书
  - 农村土地承包经营纠纷调解仲裁
- 行政复议、诉讼
  - 行政复议
  - 行政诉讼
  - 商标争议
- 刑事诉讼
  - 一般申请、意见
  - 程序类申请
  - 证据类申请
  - 刑事自诉
  - 刑事附带民事
  - 其他文书
  - 强制措施相关申请
- 劳动人事仲裁
  - 仲裁申请、实体类申请
  - 程序类文书、其他申请
  - 证据类申请
  - 答辩状
  - 其他文书
- 商事仲裁
  - 仲裁协议
  - 仲裁申请
  - 答辩、代理意见
  - 其他仲裁文书
- 强制执行
  - 民事案件强制执行
  - 行政案件强制执行
- 国家赔偿
  - 国家赔偿申请
- 和解赔偿
  - 民事案件
  - 劳动争议
  - 人民调解文书
- 非诉讼、律师服务文书
  - 律师函
  - 法律意见书
  - 尽职调查清单
  - 尽职调查报告
  - 律师见证
  - 法律服务方案、代理方案
  - 律师与客户沟通材料
- 委托律师手续
  - 授权手续、所函、介绍信等（交司法机关）

电子版合同入口
随书赠送88元充值卡

重要提示

使用方法

如何找到适当的文本类别？

- "中国合同分类法"通过最多六级的分类，帮助用户找到最合适的合同与法律文书。
- 通过本书目录，您可以查到第一级、第二级的文本类别。
- 通过每一章（第二级）首页的目录，您可以查看到该章中细分类别的目录，从而迅速定位到该具体类别的位置。
- 通过类别说明中的其他类别指引，您还可以查找到相关的类别及其页码。

有限公司设立、股权转让、增资 第二级

包括有限公司股权融资（PE/VC 投资）。以协议、章程为主。

- 公司设立 / 003 第三级
  - 出资协议、股东协议（内资）
    - 一般出资协议
    - 创始人 / 创业企业
    - 创始人 + 投资人
    - 特定行业、特定目的
    - 特殊出资方式
  - 外资企业设立合同
    - 中外合资企业合同
    - 中外合作企业合同
  - 章程
    - 一般内资公司
    - 一人有限公司
    - 国有独资公司
    - 外资企业
      - 中外合资企业
      - 中外合作企业
      - 外商独资企业
    - 企业集团章程
    - 其他特殊公司、行业
- 股权转让（非大型收购）/ 006
  - 一般股权转让（不涉及控制权）
  - 一般股权转让（转让控制权）
- 普通增资 / 006
- 股权融资（增资）/ 007
  - PE/VC 融资（内资公司）
    - 意向书、条款清单（termsheet）
    - 融资（增资）协议
    - 补充协议、股东协议
  - PE/VC 融资（外资企业）
  - VIE 架构融资

24.2.3.1　委托翻译

受托方提供著作权价值较高的翻译作品，委托方取得翻译作品的著作权。

未包括：提供翻译等劳务服务类文本（74 页）

113　委托翻译合同　影视台词翻译

24.2.3.2　文字作品委托创作

未包括：委托创作影视剧本类文本（203 页）　其他类别指引

5472　文学艺术作品委托创作合同

24.2.3.3　音乐作品委托创作

包括委托表演、创作等。

未包括：影视剧音乐歌曲创作演唱类文本（204 页）

7668　企业歌曲委托制作协议

14528　歌曲演唱录制委托协议　类别编号

24.2.3.4　美术作品创作

11282　漫画委托创作合同　文本编号

24.2.3.5　课件开发制作

9090　网络课程开发制作项目合同

● 找到某个文本之后，如果查看、使用该文本？

如上图，文本前面有文本编号，类别名称前面有类别编号。接下来，您可以通过如下方式之一查看该文本内容：

方式一　微信扫页面右上方二维码，关注法天使公众号，点击“搜合同”，在搜索框中输入文本编号，您就可以搜到该文本，并点击查阅。

您也可以直接扫码关注，以随时搜索文本：

法天使 law-angel

方式二　打开该文本对应网址：

文本编号（如上图中的 113）对应该文本的网址为：www.fatianshi.cn/D113（注意必须加上 D！），电脑或手机浏览器中输入该网址即可打开、浏览、下载该文本。

方式三　打开法天使网站 www.fatianshi.cn，根据提示搜索文本编号或类别编号。

方式四　在律师助手（WORD 或 WPS）插件中搜索 113；

律师助手 WORD 端安装：Word 打开或新建一个 docx 文档，选择“插入”–“获取加载项”–搜索“法天使律师助手”–点击添加律师助手将出现在 Word 开始菜单中。

律师助手 WPS 端安装：请根据法天使网站 www.fatianshi.cn 说明操作。

在律师助手中可直接搜索 113，找到该文本并插入到 WORD 或 WPS 文档中。

（使用律师助手全部功能需要付费购买律师助手会员资格）

- 通过上述方式，您即可找到该文本，但下载该文本可能需要付费或购买律师助手会员！

- 注意：由于中国合同库中的文本不断更新、调整，不排除个别情况下，本书中所列文本或类别已经修订、更名或者下架删除！如被删除，请查找使用类似的文本。

费用说明

本书中的所有政府示范文本均为免费，可以查看、下载全文。

本书中的收费文本，可以通过购买、成为律师助手会员来查看、使用、下载全文。

本书附赠充值卡，您可以按照卡片说明操作获得积分，用积分使用书中付费文本。

知识产权

本书所使用的“中国合同库分类法”（对全部合同、法律文书进行分类整理的体系），已经著作权登记，未经著作权人许可，不得以任何方式仿制、抄袭、使用！

“中国合同分类法”可免费提供给非商业、公益机构使用，但必须先征得著作权人同意。具体请参见本书中的“中国合同分类法说明”。

中国合同库（www.fatianshi.cn）中标记为“已出版”的文本，来自于“中国合同库出版计划”中的纸质书籍，经作者、出版社独家授权法天使发布电子版。未经法

免责声明

本书以及法天使网站（fatianshi.cn）中公开或共享的合同、法律文书、条款、知识点、审查清单等信息（以下简称公开文本）。无论该公开文本是免费或需要付费下载使用，无论该文本与信息系由法天使提供或由用户提供，无论是否经过法天使平台编辑、修订，无论是否列入“中国合同库出版计划”，均在本免责声明范围之内。

本书以及法天使网站（fatianshi.cn）中的公开文本仅用于律师、法律专业人员及其他用户撰写合同、法律文书时的参考。用户（无论是律师、法律专业人员，或普通用户）在实际使用时，应根据自身的具体情况修订使用。

法天使致力于提升公开文本的质量，但仍不能保证本网站中的文本不存在法律上的错误，不能保证文本不存在整体或部分违法或无效的情形。

免责声明：在任何情况下，用户均不得因使用或依赖本网站上的公开文本、其他信息而导致的任何损失要求本书编委、编辑、出版社以及法天使网站（fatianshi.cn）运营方承担责任，亦不得要求公开文本的提供方承担责任。无论用户系免费或付费使用，均适用本免责声明。

简　目

A　公司（设立、股权、收购并购）及其他主体

003　有限公司设立、股权转让、增资

009　股份公司设立、股份转让、增资

011　公司收购并购、重组、国有产权交易

015　股权 / 资产交易补充、特殊安排

019　股权激励

022　合伙企业

024　其他特殊主体

B　常见法律关系

029　买卖转让

047　租赁

057　承揽 / 劳务 / 服务

093　中介、居间推广、行纪

102　知识产权

113　劳动用工

126　担　保

133　民间借贷 / 借款

134　特许经营（许可加盟）

136　承包经营

139　合　作

141 赠　与
143 婚姻家庭
146 各类法律关系通用配套文本

C　特定行业、特定业务

153 房地产开发、运营
166 建设工程
178 金融保险证券期货
191 私募基金（设立、募资、管理）
193 软件、IT、游戏开发运营
199 物流运输
202 影视剧融资、制作与发行
209 演　艺
211 体　育
214 矿产资源
218 公用事业
225 PPP 及其他社会资本合作
227 农业林业承包经营
231 广告营销推广、展览赞助
237 旅　游
240 不良资产处置

D　法律文书（律师文书、诉讼文书）

245 民事诉讼
260 行政复议、诉讼
264 刑事诉讼
267 劳动人事仲裁
269 商事仲裁
271 强制执行

273 | 国家赔偿
274 | 和解赔偿
275 | 非诉讼、律师服务文书
280 | 委托律师手续

283 | 政府示范合同文本目录

329 | 中国合同分类法说明

详　目

A　公司（设立、股权、收购并购）及其他主体

003 **有限公司设立、股权转让、增资**

公司设立 / 003

股权转让（非大型收购）/ 006

普通增资 / 006

股权融资（增资）/ 007

009 **股份公司设立、股份转让、增资**

股份公司设立 / 009

股份（股权）交易、融资 / 009

011 **公司收购并购、重组、国有产权交易**

一般有限公司并购重组 / 011

上市公司重大资产重组 / 013

国有资产交易（含挂牌交易）/ 013

015 **股权 / 资产交易补充、特殊安排**

盈利预测补偿（对赌）、业绩调整 / 015

股东竞业限制、保密 / 015

表决权委托、代理投票 / 016

一致行动 / 016

股权代持（委托持股）、隐名股东 / 016

股权优先购买权 / 016

贷款、借款 / 017

股权质押、担保 / 017

股权收益权转让 / 017
股权置换股权 / 017
其他方式（非现金）置换股权 / 017
股权购买选择权 / 018
019 **股权激励**
有限公司股权激励 / 019
股份公司股权激励 / 020
022 **合伙企业**
合伙协议 / 022
章程 / 023
合伙份额转让 / 023
退伙 / 023
合伙份额代持 / 023
024 **其他特殊主体**
加入农民专业合作社 / 024
其他特殊主体章程 / 024

B 常见法律关系

029 **买卖转让**
房产买卖（二手房）/ 031
一般商品买卖 / 032
车辆、交通设备买卖 / 040
商品代理经销（供货模式）/ 040
特殊商品、资产、虚拟物品转让 / 042
特殊形式转让、交易 / 043
采购、买卖配套文本 / 044
超市 / 商场与供应商 / 045
047 **租赁**
房产类租赁 / 048
各类场地租赁 / 050

物资设备类租赁 / 052
融资租赁 / 054
以租代售 / 055
免费借用 / 055
租赁配套文本 / 055
057 **承揽 / 劳务 / 服务**
加工承揽定制（提供实物成果）/ 060
劳务类服务（一般不提供实物成果）/ 064
委托代办 / 075
设计、制作、创作（含广告设计）/ 079
评估、咨询、策划、信息服务 / 081
委托律师服务 / 085
会展、活动承揽服务 / 086
保管仓储 / 087
培训教育 / 088
其他消费、服务 / 090
093 **中介、居间推广、行纪**
房地产中介 / 经纪 / 094
中介居间（单项事务）/ 097
产品服务居间推广 / 098
行纪（寄售、代销）/ 101
102 **知识产权**
商标 / 103
著作权（版权）/ 103
专利权 / 109
专有技术 / 109
保密（商务合作中）/ 110
知识产权共享 / 112
知识产权保护 / 112
113 **劳动用工**

劳动合同（含人事聘用合同）/ 114
专项用工协议及相关文本 / 116
特殊用工形式合同 / 118
集体合同 / 120
劳务派遣 / 121
其他人力资源管理工具类 / 122
规章制度 / 124
126 **担　保**
保证类 / 127
质押类 / 129
抵押类 / 130
定金 / 132
保证金、押金 / 132
留置 / 132
133 **民间借贷 / 借款**
一般借款 / 133
特殊情形借款 / 133
134 **特许经营（许可加盟）**
一般通用 / 134
餐饮 / 134
销售、零售 / 134
快递物流 / 135
培训教育 / 135
其他业务 / 135
136 **承包经营**
企业整体承包经营、租赁经营 / 136
分支机构承包经营 / 137
内部承包、业务承包（非员工）/ 137
资源承包经营（以承包方名义经营）/ 137
内部生产环节承包（为发包方供货服务）/ 138

139 **合　作**
战略合作框架协议 / 139
经营性合作 / 140
141 **赠　与**
一般赠与（非公益）/ 141
公益捐助 / 142
机构资助、项目资助（非公益）/ 142
143 **婚姻家庭**
夫妻协议类 / 143
同居 / 未婚协议 / 144
收养相关文本 / 144
继承类 / 144
财产分割、分家析产 / 145
赡养 / 145
其他家庭相关文本 / 145
146 **各类法律关系通用配套文本**
常用合同附件 / 146
合同履行、变更延期、解除终止 / 147
付款、收款、抵债、抵销 / 148
债权债务转让 / 149
声明、免责、其他 / 150

C　特定行业、特定业务

153 **房地产开发、运营**
土地一级开发 / 154
土地使用权 / 154
拆迁 / 156
委托服务（咨询、评估、设计等）/ 157
房屋买卖（一手房）/ 159
房地产招商运营推广 / 162

物业管理 / 163

166 **建设工程**

监理 / 167

建设工程总包 / 168

分包、分项工程 / 169

安装工程、机电工程（含采购加安装施工）/ 171

装饰装修施工 / 175

施工配套、补充 / 176

建设施工内部管理 / 177

178 **金融保险证券期货**

保理业务 / 179

银行业务 / 179

民间金融 / 182

保险 / 183

证券期货、资产管理业务 / 185

信托 / 189

场外衍生金融产品交易 / 190

191 **私募基金（设立、募资、管理）**

合伙制基金设立（合伙协议）/ 191

契约型基金 / 191

基金管理制度 / 192

基金管理 / 托管合同 / 192

资金托管、监管 / 192

193 **软件、IT、游戏开发运营**

软件、网站、APP 开发 / 193

软件（部分硬件）销售、许可使用、IT 服务 / 194

软件代理经销 / 196

网站、软件用户协议 / 196

网络游戏制作开发、发行运营 / 197

199 **物流运输**

货运 / 199
客运 / 200
物流合作经营 / 201
202 **影视剧融资、制作与发行**
影视剧投资 / 202
合作拍摄 / 203
素材创作、许可、制作 / 203
场地、后勤、剧务类 / 206
影视剧组劳务聘用 / 206
发行许可放映 / 208
209 **演　艺**
演艺经纪 / 209
演出活动举办、承办 / 209
演出发行、转播 / 210
211 **体　育**
运动员经纪、商业开发 / 211
赛事举办、承办 / 211
赛事转播 / 212
赛事特许经营、衍生品开发 / 212
运动员管理、志愿者 / 212
214 **矿产资源**
探矿权出让、转让、合作 / 214
采矿权出让、转让、合作 / 215
评估咨询、勘查、工程设计、施工、监理 / 216
压覆矿产 / 217
矿业居间服务 / 217
218 **公用事业**
用水 / 218
供热、采暖 / 219
电力 / 219

燃气 / 220
电信、宽带 / 220
有线电视 / 221
医疗、卫生 / 221
公共教育 / 221
科研 / 224
225 **PPP 及其他社会资本合作**
前期框架协议 / 225
PPP 项目合同 / 225
PPP 项目公司股东协议 / 225
公用事业特许经营 / 225
227 **农业林业承包经营**
土地承包经营权及流转 / 227
集体林地承包经营权及流转 / 229
农村土地承包（其他方式承包）、租赁 / 230
农业机械服务 / 230
农业技术服务 / 230
231 **广告营销推广、展览赞助**
广告代理 / 231
传统媒体广告发布、陈列服务 / 232
广告代言、形象代言 / 234
网络广告、网络推广 / 234
参展、活动（体育演出等）赞助 / 235
237 **旅　游**
旅游服务 / 237
旅游业合作 / 238
240 **不良资产处置**
收购（债权转让）意向协议 / 240
不良资产收购（债权转让）协议 / 240
债权转让配套文本（非合同）/ 240

交易所服务 / 241
委托清收服务 / 241

D 法律文书（律师文书、诉讼文书）

245 **民事诉讼**
起诉状、申请（分案由）/ 246
反诉 / 254
各类申请（各类案由通用）/ 254
答辩意见、答辩状 / 258
代理意见、代理词 / 258
二审相关文书 / 258
再审、申诉相关文书 / 259
农村土地承包经营纠纷调解仲裁 / 259
260 **行政复议、诉讼**
行政复议 / 260
行政诉讼 / 261
商标争议 / 262
264 **刑事诉讼**
一般申请、意见 / 264
程序类申请 / 264
证据类申请 / 265
刑事自诉 / 265
刑事附带民事 / 266
其他文书 / 266
强制措施相关申请 / 266
267 **劳动人事仲裁**
仲裁申请、实体类申请 / 267
程序类文书、其他申请 / 267
证据类申请 / 268
答辩状 / 268

其他文书 / 268

269 **商事仲裁**

仲裁协议 / 269

仲裁申请 / 269

答辩、代理意见 / 269

其他仲裁文书 / 269

271 **强制执行**

民事案件强制执行 / 271

行政案件强制执行 / 272

273 **国家赔偿**

国家赔偿申请 / 273

274 **和解赔偿**

民事案件 / 274

劳动争议 / 274

人民调解文书 / 274

275 **非诉讼、律师服务文书**

律师函 / 275

法律意见书 / 276

尽职调查清单 / 277

尽职调查报告 / 277

律师见证 / 277

法律服务方案、代理方案 / 278

律师与客户沟通材料 / 278

280 **委托律师手续**

授权手续、所函、介绍信等（交司法机关）/ 280

283 **政府示范合同文本目录**

中央国家机构（含部分交易所）/ 286

地方政府 / 291

329 **中国合同分类法说明**

公司（设立、股权、收购并购）及其他主体

有限公司设立、股权转让、增资

包括有限公司股权融资（PE/VC 投资）。以协议、章程为主。

- 公司设立 / 003
  - 出资协议、股东协议（内资）
    - 一般出资协议
    - 创始人 / 创业企业
    - 创始人 + 投资人
    - 特定行业、特定目的
    - 特殊出资方式
  - 外资企业设立合同
    - 中外合资企业合同
    - 中外合作企业合同
  - 章程
    - 一般内资公司
    - 一人有限公司
    - 国有独资公司
    - 外资企业
      - 中外合资企业
      - 中外合作企业
      - 外商独资企业
    - 企业集团章程
    - 其他特殊公司、行业
- 股权转让（非大型收购）/ 006
  - 一般股权转让（不涉及控制权）
  - 一般股权转让（转让控制权）
- 普通增资 / 006
- 股权融资（增资）/ 007
  - PE/VC 融资（内资公司）
    - 意向书、条款清单（termsheet）
    - 融资（增资）协议
    - 补充协议、股东协议
  - PE/VC 融资（外资企业）
  - VIE 架构融资

1.1 公司设立

出资协议、章程为主。

1.1.1 出资协议、股东协议（内资）

一般公司设立前或设立之初，股东之间对出资、公司管理作出的约定。

1.1.1.1　一般出资协议

以公司（法人）出资设立新公司为典型，有各方出资、公司治理结构等约定，无全职工作、股权激励等约定。

11431　股东协议　约定事项丰富

7265　出资协议　简单通用版

1.1.1.2　创始人 / 创业企业

以几个创始人共同创业设立公司为典型，有竞业限制、全职工作等约定。

378　出资协议通用　无溢价出资

1.1.1.3　创始人 + 投资人

创始人加投资人共同设立公司，有对投资人的一些保护约定。

有限公司设立后 PE/VC 融资参考：融资（增资）类文本（7 页）

7267　出资协议　有特别条款　复杂型　特别条款适用投资方

1.1.1.4　特定行业、特定目的

2091　基金管理公司出资协议

9393　合资成立 PPP 项目公司股东协议

1.1.1.5　特殊出资方式

至少有一方以特殊方式出资。

未包括：债权转股权类文本（13 页）、股权代持 / 隐名股东类文本（16 页）、股权交易配套安排类文本（15 页）、股权激励类文本（19 页）

9137　出资协议　一方以服务 / 场地 / 技术出资

14790　出资协议一方以专利权出资

14835　共同设立项目公司出资协议项目资产出资　非常详细

1.1.2　外资企业设立合同

外商独资企业无须合同。

1.1.2.1 中外合资企业合同

11827 中外合资公司合同 北京市 2013 版

10044 中外合资经营企业合同 汽车制造

1.1.2.2 中外合作企业合同

11829 中外合作公司合同 北京市 2013 版

9182 公司合作合同 上海市

1.1.3 章程

1.1.3.1 一般内资公司

9979 有限公司章程 设董事会、监事会 详细版

625 有限公司章程 设执行董事、监事 简单版

1.1.3.2 一人有限公司

6330 一人有限责任公司章程 设执行董事

1.1.3.3 国有独资公司

6331 国有独资公司章程

1.1.3.4 外资企业

1.1.3.4.1 中外合资企业

9181 中外合资公司章程 上海市

1.1.3.4.2 中外合作企业

9179 中外合作公司章程 上海市

1.1.3.4.3 外商独资企业

6804 外资公司章程 非一人有限责任公司 上海市

6803 外资公司章程 一人有限责任公司 上海市

1.1.3.5 企业集团章程

8633 企业集团章程

1.1.3.6 其他特殊公司、行业

13376 金融资产投资有限公司章程

11160 有限公司章程 境内 A 轮投资

1.2 股权转让（非大型收购）

对尽职调查、资产清单、交割等方面约定较简单，不适合标的较大、涉及多项资产的股权收购并购。

未包括：股权激励（涉及股权转让）类文本（19 页）、收购并购重组类文本（11 页）

1.2.1 一般股权转让（不涉及控制权）

主要约定转让的股权比例与价格，其他方面约定较少。可能是部分股权转让，也可能是全部股权转让。可作为工商变更手续使用。

9048 公司股权转让协议

1423 股权转让协议 简单版

7399 有限公司退股协议 股东之间转让 简单版

12323 股权转让协议 先决条件及陈述保证详细

1.2.2 一般股权转让（转让控制权）

对交割、出让方承诺、控制权移交方面有所约定；但不适合标的较大的股权收购。

4245 有限公司股权转让协议 通用版

7568 有限公司股权转让协议 详细版 涉及交割

1.3 普通增资

可能是现有股东增资，也可能是引进新股东增资，但不同于风险投资型增资（强调对投资方的保护退出等）。

14674 增资协议 通用版
14058 增资扩股协议 矿业企业

1.4 股权融资（增资）

以 VC、PE 对外股权投资（增资方式）为典型，包括天使投资。

未包括：创始人与投资人新设有限公司类文本（4 页）

1.4.1 PE/VC 融资（内资公司）

可适用于天使投资。

607 股权融资全套文本
12459 境内公司 A 轮融资文件全套文本

1.4.1.1 意向书、条款清单（termsheet）

384 投资意向书
11157 A 轮融资意向书
10135 种子期 Pre-A 轮优先股融资条款摘要 投资条款清单 termsheet

1.4.1.2 融资（增资）协议

375 增资协议 简单版
11158 增资协议 境内 A 轮融资
8335 私募股权投资之增资扩股协议 国际教育咨询公司

1.4.1.3 补充协议、股东协议

VC、PE 进行股权投资时，往往采取“增资协议 + 股东协议（补充协议）”的方式。本类别中的股东协议主要是对投资人的优先权进行约定，侧重于保护投资人的利益，包括对赌。

11159 股东协议 境内 A 轮融资

1.4.2 PE/VC 融资（外资企业）

12460 中外合资公司 A 轮融资文件全套文本

1.4.3 VIE 架构融资

12462 VIE 架构下公司 A 轮融资协议全套文本 英文为主
12460 中外合资公司 A 轮融资文件全套文本

· 微信扫码——搜合同——输入编号
· 打开网址 www.fatianshi.cn/D 编号

股份公司设立、股份转让、增资

- 股份公司设立 / 009
  - 设立协议、发起人协议
  - 股份公司章程
- 股份（股权）交易、融资 / 009
  - 非上市公司
    - 股份转让
    - 普通增资认购
    - 融资型增资认购
  - 非上市公众公司（新三板挂牌公司）
    - 股份协议转让
    - 定向增发
  - 上市公司
    - 股份协议转让
    - 定向增发

2.1 股份公司设立

2.1.1 设立协议、发起人协议

7965 股份有限公司发起人协议

7585 发起人协议 有限公司变更为股份公司

2.1.2 股份公司章程

7967 股份有限公司章程 发起设立

8632 上市公司章程指引 证监会 2016 版

2.2 股份（股权）交易、融资

以取得股份公司股份为目的。

2.2.1 非上市公司

2.2.1.1 股份转让

14762 股份转让协议 简单通用版

2.2.1.2　普通增资认购

不适用于 PE、VC 投资时的增资认购。

14673　股份公司增资扩股协议

2.2.1.3　融资型增资认购

增资方为投资机构，对目标公司的业绩、退出有要求。

3004　股份认购及增资协议

2.2.2　非上市公众公司（新三板挂牌公司）

2.2.2.1　股份协议转让

14761　新三板挂牌公司股份转让协议　协议转让

2.2.2.2　定向增发

11714　新三板公司定向发行股票认购协议

2.2.3　上市公司

2.2.3.1　股份协议转让

上市公司股份协议转让需经交易所审核。

14671　股份转让协议　上市公司

2.2.3.2　定向增发

14672　上市公司附条件生效的非公开发行股份认购协议

公司收购并购、重组、国有产权交易

此类交易目的在于大额资产或股权收购（往往同时涉及土地使用权、知识产权、固定资产等多类资产）与控制。不同于一般的股权转让、增资或股权融资。

- 一般有限公司并购重组 / 011
  - 股权收购
    - 一般通用
      - 意向书、框架协议
      - 正式协议
    - 特定行业、特定目的股权收购
    - 外资收购、外资企业股权转让（需备案或审批）
  - 一般资产收购
  - 合并重组
  - 分立重组
    - 新设分立
    - 存续分立
  - 债务重组
    - 一般债务重组
    - 债转股
- 上市公司重大资产重组 / 013
  - 意向书、框架协议
  - 正式协议
- 国有资产交易（含挂牌交易）/ 013
  - 无偿划转
  - 协议转让（未挂牌）
  - 交易所挂牌交易
    - 一般产权交易合同
    - 股权交易合同
    - 资产交易合同
    - 委托交易、中介服务

3.1 一般有限公司并购重组

3.1.1 股权收购

以取得有限公司股权为目的。

3.1.1.1 一般通用

以资金收购另一家有限公司的股权为典型。

3.1.1.1.1 意向书、框架协议

本类文本的法律效力取决于双方约定，一般不具备正式协议效力。

10099 股权收购意向书

3.1.1.1.2 正式协议

10690 股权转让协议

10127 股权转让协议 详细版

3.1.1.2 特定行业、特定目的股权收购

参考文本：房地产公司股权收购类文本（155 页）、矿业公司股权转让类文本（215 页）

14055 矿业有限公司股权转让协议 有担保方

13796 医疗美容机构公司股权转让协议

13289 煤业公司股权转让合同 100% 股权转让

9865 培训机构股权转让合同 简单版

3.1.1.3 外资收购、外资企业股权转让（需备案或审批）

外资企业的股权转让，或内资企业因收购转为外资企业。

10117 中外合资企业股权转让协议

10118 股权转让协议 外商独资企业

3.1.2 一般资产收购

一般为包括土地、固定资产、无形资产及相关资源的大额收购。

未包括：土地使用权（含在建工程）转让类文本（155 页）、小型店铺资产转让类文本（42 页）、金融不良资产转让类文本（240 页）

14676 资产收购协议 新设公司收购

14677 资产收购协议

3.1.3 合并重组

6307 有限公司吸收合并协议 简单通用版

3.1.4 分立重组

3.1.4.1 新设分立

12587 公司分立协议 新设分立 简单通用版

3.1.4.2 存续分立

12588 公司分立协议 存续分立 简单通用版

3.1.5 债务重组

未包括：不良资产处置类文本（240 页）、一般债权债务转让类文本（149 页）

3.1.5.1 一般债务重组

14526 债务重组协议 抵偿债务

7661 债务重组协议 调整还款计划

3.1.5.2 债转股

9172 债权转股权协议

9170 债权转股权协议 国企 新设公司

3.2 上市公司重大资产重组

包括资产置换、发行股份购买资产、换股吸收合并等多种方式。

3.2.1 意向书、框架协议

8382 上市公司并购交易备忘录 意向性协议

3.2.2 正式协议

9422 发行股份购买资产协议

3.3 国有资产交易（含挂牌交易）

包括股权、资产交易。

3.3.1 无偿划转

12568 股权无偿转让协议 国有企业产权划拨

3.3.2 协议转让（未挂牌）

6388 产权（股权）交易合同

3.3.3 交易所挂牌交易

法律政策规定国有资产交易应通过交易所挂牌。但是交易所交易的标的不限于国有资产，因此本部分也包括非国有产权通过交易所进行交易的合同。

8688 北京市产权交易所交易规则成套文本

3.3.3.1 一般产权交易合同

14670 产权交易合同 国资委监制版

14666 国有产权交易合同 浙江产权交易所 2017 版

8689 北京产权交易所产权交易合同 适用于整体产权或控股股权转让

8711 北京产权交易所非国有产权交易合同

3.3.3.2 股权交易合同

14667 产权交易合同 股权类 西南联合产权交易所 2016 版

8696 北京产权交易所产权交易合同 适用于参股股权转让

3.3.3.3 资产交易合同

14668 产权交易合同 非股权类 西南联合产权交易所 2016 版

8703 实物资产交易合同

3.3.3.4 委托交易、中介服务

资产出让方委托交易所提供挂牌、撮合交易等服务。

14669 国有产权交易服务合同 西南联合产权交易所 2016 版

8697 北京产权交易所产权交易委托合同 适用于转让方

8695 北京产权交易所产权交易委托合同 适用于转让方采取拍卖 招投标方式

8690 北京产权交易所产权交易委托合同 适用于意向受让方

股权/资产交易补充、特殊安排

股权转让、融资、收购并购中可能涉及的补充、特殊安排等文本。

- 盈利预测补偿（对赌）、业绩调整 / 015
- 股东竞业限制、保密 / 015
- 表决权委托、代理投票 / 016
- 一致行动 / 016
  - 一般通用
  - 股份公司、上市公司
- 股权代持（委托持股）、隐名股东 / 016
- 股权优先购买权 / 016
- 贷款、借款 / 017
- 股权质押、担保 / 017
- 股权收益权转让 / 017
- 股权置换股权 / 017
- 其他方式（非现金）置换股权 / 017
- 股权购买选择权 / 018

4.1 盈利预测补偿（对赌）、业绩调整

实务中，盈利预测补偿（对赌）的约定也往往直接约定在增资时（股权投资）的补充协议或股东协议中。

参考文本：补充协议股东协议类文本（7 页）

12969 股权回购协议 未上市回购

3008 对赌协议

4.2 股东竞业限制、保密

11508 股东保密及竞业禁止协议 股东与公司间

11525 股东竞业禁止协议

4.3　表决权委托、代理投票

常见于 VIE 架构中。但也可以适用于其他情形。

10155　表决权委托协议　外商独资

11168　授权委托书　用于 VIE 架构

10159　表决权委托协议　VIE 架构

9751　股东委托投票代理协议　VIE 方式反向并购

4.4　一致行动

4.4.1　一般通用

13075　股东一致行动协议

4.4.2　股份公司、上市公司

9805　股份公司一致行动人协议

4.5　股权代持（委托持股）、隐名股东

参考文本：合伙企业份额代持类文本（23 页）

6694　股权代持协议　有利于委托人

9051　委托持股协议　详细版

7078　委托持股合同　公司设立前

13286　股权转让及代持协议　转让加代持

13198　代持股权声明书

4.6　股权优先购买权

9205　放弃股份优先购买权声明

4.7 贷款、借款

仅限于股权交易中配套的贷款、借款。

未包括：银行贷款类文本（179 页）、民间借贷类文本（133 页）

11162 贷款合同 可要求转股权

4.8 股权质押、担保

仅限于股权交易中配套的担保。

未包括：一般担保类文本（126 页）

11161 股权质押协议 用于 A 轮融资

11167 股权质押合同 用于 VIE 架构

4.9 股权收益权转让

非正式转让股权，不作工商变更登记。

8963 股权收益权转让合同

9452 股权收益权转让与回购合同

4.10 股权置换股权

12347 股权置换协议 股权置换股权

4.11 其他方式（非现金）置换股权

9134 服务置换股权合同

9118 租金置换股权合同

4.12 股权购买选择权

10161 股权或资产购买选择权授予协议

股权激励

- 有限公司股权激励 / 019
  - 股权代持
  - 期权
  - 限制性股权
  - 分红权 / 虚拟股权 / 股权增值权
  - 股权转让、赠与
  - 业绩股权
  - 持股平台
- 股份公司股权激励 / 020
  - 股票增值权
  - 期权
  - 限制性股票
  - 虚拟股票
  - 业绩股票

5.1 有限公司股权激励

包括有限公司通过合伙企业等持股平台来进行股权激励的文本。

5.1.1 股权代持

通过其他股东（非持股平台）代持激励股权。

未包括：一般股权代持类文本（16 页）

152 股权代持协议 股权激励

8833 股权转让协议 转让方代持

5.1.2 期权

员工在日后的特定时间可获得股权，可能是目标公司的股权，也可能是持股平台的股权。

12481 有限公司股权激励 期权加持股平台模式 全套文本

3198 有限公司股权激励 期权模式 全套文本

5.1.3 限制性股权

激励股权附有限制出售等限制性条件。

12483　有限公司股权激励　限制性股权模式　全套文本

5.1.4　分红权 / 虚拟股权 / 股权增值权

激励股权不作工商登记，不是严格意义上的股权，但取得分红权等权益。一般所谓“干股”属于此类。

12482　有限公司股权激励　股权增值权模式　全套文本

12484　有限公司股权激励　虚拟股权模式和股票期权结合　全套文本

10872　虚拟股权激励成套文本

5.1.5　股权转让、赠与

股东向员工转让或赠与激励股权。

1770　附条件股权赠与合同

8583　股权激励协议　股权转让模式

5.1.6　业绩股权

员工取得或行使股权需要满足业绩增长的条件。

12485　有限公司股权激励　业绩股权模式　全套文本

5.1.7　持股平台

通过合伙企业或其他公司作为激励股权的持股平台。

733　股权激励之持股平台全套文本

5.2　股份公司股权激励

5.2.1　股票增值权

员工可获得股票增值收益（股票市场价格与约定价格之间的差额）。

12470　新三板挂牌公司股权激励　股票增值权　全套文本

12469　国有控股上市公司股权激励　股票增值权模式　全套文本

5.2.2　期权

员工符合特定条件时，可获得公司股票。

12466 国有控股上市公司股权激励 股票期权模式 全套文本
12467 新三板挂牌企业股权激励 股票期权模式 全套文本
12464 私企上市公司股权激励 股票期权模式 全套文本

5.2.3 限制性股票

员工可获得股票，但在一定期限内锁定（限制出售等）。

12473 国企控股上市公司股权激励 限制性股票激励模式 全套文本
12471 私企上市公司股权激励 限制性股票模式 全套文本
8850 上市公司限制性股票股权激励协议及方案
12491 新三板挂牌公司股权激励 限制性股票模式 全套文本

5.2.4 虚拟股票

公司授予激励对象虚拟的、非正式的股票，激励对象可享受相应的分红权和股价升值收益。

12476 新三板挂牌公司股权激励 虚拟股票模式 全套文本
12474 私企上市公司股权激励 虚拟股票模式 全套文本

5.2.5 业绩股票

员工获得股票需满足业绩要求。

12479 新三板挂牌公司股权激励 业绩股票模式 全套文本
12477 私企上市公司股权激励 业绩股票模式 全套文本
12478 国有控股上市公司股权激励 业绩股票模式 全套文本

合伙企业

合伙企业设立、合伙份额转让、退出相关文本。不适用于“名为合伙实际未未设立合伙企业的有限公司设立”、合作经营。

- 合伙协议 / 022
  - 一般普通合伙
  - 一般有限合伙
  - 特殊行业普通合伙
  - 特殊行业有限合伙
  - 特定目的合伙协议
- 章程 / 023
- 合伙份额转让 / 023
- 退伙 / 023
- 合伙份额代持 / 023

7.1 合伙协议

未包括：合伙型私募基金类文本（191 页）、合作经营（未设立主体）类文本（140 页）

7.1.1 一般普通合伙

1891　合伙协议　个人　普通合伙

7.1.2 一般有限合伙

1427　合伙协议　有限合伙设立

7.1.3 特殊行业普通合伙

10387　律师事务所合伙协议　普通合伙

11424　会计师事务所合伙协议　普通合伙

7.1.4 特殊行业有限合伙

10134　合伙协议　投资企业　含投资决策委员会

7636　股权投资基金合伙协议　通用

10030 产业投资合伙企业之合伙协议 政府控股
6963 外商投资企业合伙合同
10105 有限合伙企业合伙协议 医疗投资

7.1.5 特定目的合伙协议

326 合伙协议 设立持股平台 较简单版本
7665 众筹合伙协议

7.2 章程

11660 普通合伙企业章程 一般通用
7338 合伙制律师事务所章程
11669 有限合伙企业章程 股权投资

7.3 合伙份额转让

13777 合伙人放弃合伙份额优先购买权声明
53 合伙企业财产份额转让合同 合伙人之间 简单版
1587 合伙企业财产份额转让协议
13772 合伙企业份额收益权转让协议

7.4 退伙

6192 律师事务所退伙合同
9094 退伙协议 通用详细版

7.5 合伙份额代持

8014 合伙企业份额代持合同

其他特殊主体

- 加入农民专业合作社 / 024
- 其他特殊主体章程 / 024
  - 农民专业合作社
  - 民办学校
  - 社会团体
  - 其他组织

8.1 加入农民专业合作社

未包括：农村土地承包经营权入股（股份合作）类文本（227 页）

13868 社员带土地加入农业合作社合同

13869 社员加入农业养殖专业合作社协议

8.2 其他特殊主体章程

8.2.1 农民专业合作社

13866 肇东市种植（养殖）专业合作社章程 肇东市 2013 版

13871 农民专业合作社章程 农业部 2007 版

8.2.2 民办学校

12794 民办中小学校章程参考样本 杭州市 2013 版

12795 北京市密云区学校章程 北京市 2012 版

12791 西安市学校章程 西安市 2012 版

12792 福州市民办学校章程范本 福州市 2009 版

12797 福建省民办学校章程主要事项范本（试行） 福建省

8.2.3 社会团体

8641 社会团体章程 民政部 2018 版

13659 社会团体章程 福建省 2018 版
8671 广东省社会团体章程 广东省 2016 版
8660 上海社会团体章程 上海市 2014 版

8.2.4 其他组织

13660 民办非企业单位章程 福建省 2018 版
12790 民办非企业单位（个体）章程 河源市 2016 版
12796 江苏省基金会章程 江苏省 2014 版
4385 民办博物馆章程 文物局 2012 版

常见法律关系

买卖转让

二手房产、一般商品、货物、工业品、车辆、资产等实物财产和商品的转让。

未包括：加工定制类文本（60 页）、知识产权转让（著作权、商标权、专利权、技术等许可、转让）类文本（102 页）、一手房销售类文本（159 页）

- 房产买卖（二手房）/ 031
  - 各类房产转让
    - 一般房产转让（无中介）
    - 车位、车库
    - 农村房屋、宅基地买卖
    - 经济适用房、保障性住房
    - 工业厂房买卖
  - 二手房买卖配套文本
    - 借名购房
    - 房产共有
    - 授权委托
    - 房屋交接
- 一般商品买卖 / 032
  - 通用采购合同（一次性）
  - 通用采购订单（单次）
  - 框架采购合同
  - 工业零部件
    - 汽车零部件、配件
    - 其他零部件
  - 工业制成品
    - 仪器
    - 家用电器、3C 产品
    - 小型工业设备、办公设备
    - 家具
    - 日用品
    - 乐器
    - 医疗用品、医疗器械
    - 其他工业品
    - 烟花爆竹、爆破器材
  - 工业原材料
    - 矿产
    - 布料
    - 木材、其他原材料
  - 建材采购
    - 建材通用
    - 混凝土（砼）
    - 砖材、石材、砂石
    - 钢材、钢筋、钢管
    - 电缆
    - 门窗、橱柜、洁具
    - 其他材料
  - 农产品、食品、农业物资买卖
    - 农产品收购、采购
      - 一般通用
      - 粮、棉、烟、茶、草药等
      - 水果、蔬菜
      - 水产品

肉、禽、蛋、奶等
林木、苗木、花卉
◎ 委托种植、养殖加收购
委托种植加收购
委托养殖加收购
◎ 种子、种苗交易
委托培育
种子、种苗买卖
◎ 食材原料
◎ 食品（制成品）
◎ 种猪、种禽等
◎ 农药、肥料、饲料

- 车辆、交通设备买卖 / 040
  - 普通车辆（新车）
  - 特种车辆
  - 普通车辆（二手车）
  - 特种车辆（二手车）
- 商品代理经销（供货模式）/ 040
  - 独家经销（特定范围）
  - 非独家经销
  - 专卖店经销
  - 网络代理、网商经销
  - 门票代理经销
- 特殊商品、资产、虚拟物品转让 / 042
  - 宠物、动物（非畜牧业）
  - 艺术品、收藏品
  - 旧货、废旧物资回收
  - 虚拟财产、非物质财产转让
  - 小型店铺及资产转让
  - 网店转让
  - 碳资产交易
- 特殊形式转让、交易 / 043
  - 试用买卖
  - 凭样品买卖
  - 政府采购、集中采购（买卖类）
  - 拍卖、成交
  - 回购
  - 团购
  - 网络销售、电子商务
  - 商品（财产）互易、置换
- 采购、买卖配套文本 / 044
  - 质量、验收、安全
  - 退货、赔偿
  - 返点、优惠
  - 售后服务
- 超市 / 商场与供应商 / 045
  - 购销模式
  - 代销模式
  - 联营模式
  - 超市配套服务与收费

20.1 房产买卖（二手房）

二手房产交易。

未包括：一手房出售（开发商出售房产）类文本（159 页）、房产中介（含中介参与的房产买卖）类文本（94 页）、墓地公墓租赁买卖类文本（52 页）

20.1.1 各类房产转让

20.1.1.1 一般房产转让（无中介）

13360 北京市存量房屋买卖合同 北京市 2018 版
13365 浙江省二手房买卖合同 浙江省 2018 版
12413 存量房屋买卖协议 天津市 2017 版
5149 山东省二手房买卖合同 自行成交版 山东省 2015 版
9320 二手房买卖合同 自行成交无中介

20.1.1.4 车位、车库

适用于产权或长期使用权的转让，不适用于车位租赁。

未包括：一手车位租售类文本（161 页）、车位租赁类文本（52 页）

14623 有产权车位转让合同

20.1.1.5 农村房屋、宅基地买卖

9323 农村宅基地房屋买卖合同
7073 宅基地转让合同

20.1.1.7 经济适用房、保障性住房

9321 保障性住房买卖合同

20.1.1.8 工业厂房买卖

9326 工业厂房买卖合同 附银企共管账户业务监管协议

20.1.3 二手房买卖配套文本

本类别中的文本与二手房买卖相关，但本身不一定是买卖关系。

未包括：一手房买卖补充配套类文本（160 页）

20.1.3.1 借名购房

6139 借名购房 房产代持合同

20.1.3.2 房产共有

13212 房屋产权共有协议书

20.1.3.3 授权委托

3464 授权委托书 授权卖房
1225 夫妻间房屋买卖委托书
506 房屋过户委托书

20.1.3.4 房屋交接

13276 房地产买卖交接书

20.2 一般商品买卖

20.2.1 通用采购合同（一次性）

一般商品的一次性采购。

6659 买卖合同 通用简单版
10819 采购合同 中小企业适用
10034 采购合同 房地产行业详细版 批注

20.2.2 通用采购订单（单次）

2525 订购单 采购单 订单

20.2.3 框架采购合同

2866 办公设备采购框架合同
14625 集团集中采购框架协议
14626 框架采购协议

20.2.4 工业零部件

20.2.4.1 汽车零部件、配件

未包括：复杂定制开发（含汽车零部件定制开发）类文本（64 页）

5089 上海市汽配产品购销合同 AB 版 上海市 2007 版

7877 汽车配件采购合同

20.2.4.2 其他零部件

4749 北京市农业机械配件买卖合同 北京市 2007 版

7044 室内（外）IC 卡兼容机购销合同

20.2.5 工业制成品

20.2.5.1 仪器

8964 仪器采购合同

5090 上海市地质机械仪器产品买卖合同 上海市 2000 版

8349 电表采购合同

20.2.5.2 家用电器、3C 产品

未包括：软件硬件系统集成定制类文本（194 页）

12974 电子产品采购合同 南京市 2011 版

5020 上海市微型计算机商品买卖合同 上海市 2006 版

6827 硬件采购合同 通用版

3076 笔记本电脑批量采购合同

20.2.5.3 小型工业设备、办公设备

以采购为主，可能含安装与售后服务。不适用于以安装、施工为主的机电工程和安装工程（可能含采购）。

大型机电设备采购安装参考：机电工程安装工程类文本（171 页）

14516 设备采购安装合同

7043 短版数码印刷系统购销合同

20.2.5.4 家具

成品家具的买卖，可能附带安装。

未包括：家具定作类文本（61 页）

13302 广州市家具买卖合同 广州市 2013 版

5284 黑龙江省家具买卖合同 黑龙江省 2012 版

10986 木门买卖合同 青岛市 2015 版

12636 家具买卖安装合同 详细版

20.2.5.5 日用品

13306 广州市服装买卖合同 广州市 2013 版

7420 化妆品供货合同

2474 学校学生公寓床上用品买卖合同

20.2.5.6 乐器

5022 上海市钢琴买卖合同 上海市 2008 版

20.2.5.8 医疗用品、医疗器械

5358 吉林省医疗卫生机构基本药物集中采购药品购销合同 吉林省 2011 版

13629 药品销售合同 框架合同 详细版

20.2.5.9 其他工业品

11072 人防工程过滤吸收器销售合同 福建省 2014 版

5308 江苏省人防工程防护设备产品买卖合同 江苏省 2006 版

8893 物资材料采购合同 耗材

20.2.5.10 烟花爆竹、爆破器材

不适用于日常消费购买。根据安监总管三〔2012〕94 号规定，使用《烟花爆竹安全买卖合同（示范文本）》签订的合同是开具《烟花爆竹道路运输许可证》的有效材料之一。

4394 烟花爆竹安全买卖合同 简单填空版 安全监管总局 2012 版

6398 民用爆破器材买卖合同 国防科工委 2001 版

20.2.6 工业原材料

20.2.6.1 矿产

14044 矿产品销售合同

14046 煤炭购销合同

14370 原油买卖合同

14052 铁矿粉购销合同

4955 上海市煤炭购销合同 上海市 2008 版

20.2.6.2 布料

3225 纱线、棉纱销售合同

7605 面料买卖合同

4721 北京市建材买卖合同 布艺类 北京市 2004 版

20.2.6.4 木材、其他原材料

7336 木材供货合同

12989 木材买卖合同 南京市 2008 版

20.2.7 建材采购

一般为建筑工地、装饰装修采购，可能含有简单安装或简单施工。不适用于较复杂的机电工程、零星工程。

采购加安装工程参考：机电工程安装工程类文本（171 页）

小型工程参考：小型工程零星工程类文本（168 页）

未包括：加工承揽定制类文本（60 页）

20.2.7.1 建材通用

1948 材料买卖合同 通用版

12412 建材商品买卖合同 天津市 2017 版

10987 装饰建材买卖合同 深圳市 2014 版

20.2.7.2 混凝土（砼）

1955 商品砼购销合同 详细版

12182 建设工程预拌混凝土供应合同 南京市 2017 版

20.2.7.3 砖材、石材、砂石

4881 北京市建筑工程建筑砂浆采购合同 北京市 2009 版

5326 辽宁省建设工程石材供料合同 辽宁省 2008 版

5011 上海市建设工程石材供料合同 上海市 2007 版

4729 北京市建材买卖合同 墙地砖类 北京市 2004 版

20.2.7.4 钢材、钢筋、钢管

13357 钢材买卖合同 广州市 2008 版

3269 钢筋采购合同

20.2.7.5 电缆

14132 电缆采购合同

20.2.7.6 门窗、橱柜、洁具

一般为配件，非成套家具。

未包括：门窗定制类文本（62 页）

4878 北京市建筑工程门窗采购合同 北京市 2009 版

4725 北京市建材买卖合同 卫浴洁具类 北京市 2004 版

4728 北京市建材买卖合同 橱柜订购类 北京市 2004 版

20.2.7.7 其他材料

4929 上海市采暖产品买卖合同 上海市 2016 版

11117 北京市建筑工程塑料管材管件采购合同 北京市 2009 版

4885 北京市建筑工程防水材料采购合同 北京市 2009 版

4803 北京市混凝土外加剂买卖合同 北京市 2005 版

20.2.8 农产品、食品、农业物资买卖

20.2.8.1 农产品收购、采购

20.2.8.1.1 一般通用

5319 农产品订购合同 辽宁省 2006 版
13431 农副产品订单合同 江西省 2006 版

20.2.8.1.2 粮、棉、烟、茶、草药等

12431 茶叶买卖合同 云南省 2018 版
12339 茶叶买卖合同 广州市 2013 版
12976 粮食买卖合同 南京市 2013 版

20.2.8.1.3 水果、蔬菜

13312 广州市水果买卖合同 广州市 2013 版
13304 广州市番薯买卖合同 广州市 2013 版
13311 广州市蔬菜买卖合同 广州市 2013 版
13328 广州市莲藕买卖合同 广州市 2014 版
4744 北京市草莓买卖合同 北京市 2011 版
4813 北京市大桃购销合同 北京市 2009 版
12437 水果买卖合同 云南省 2018 版

20.2.8.1.4 水产品

13329 广州市水产品买卖合同 广州市 2014 版

20.2.8.1.5 肉、禽、蛋、奶等

13873 北京市蜂产品收购合同 北京市 2017 版
13325 广州市蜂产品买卖合同 广州市 2014 版
13641 生鲜乳购销合同 农业部 2016 版
5160 广东省生鲜牛奶购销合同 广东省 2008 版
5024 上海市禽类产品买卖合同 上海市 2007 版

4997 上海市肉禽买卖合同 上海市 2007 版
4769 北京市肉类供货合同 北京市 2006 版

20.2.8.1.6 林木、苗木、花卉

未包括：绿植花卉租赁维护类文本（54 页）、绿化养护树林种植类文本（74 页）
5140 广东省花卉订购合同 广东省
3013 苗木采购合同 详细版
2285 苗木买卖合同 简单版

20.2.8.2 委托种植、养殖加收购

根据委托方的要求种植、养殖，委托方负责收购。

20.2.8.2.1 委托种植加收购

根据委托方的要求种植农作物、水果、烟草等，委托方负责收购。
12435 农业种植产销合同 云南省 2018 版
12434 种植订购合同 云南省 2018 版
12432 豆类种植收购合同 云南省 2018 版
13330 广州市仙草（凉粉草）种植收购合同 广州市 2014 版
4811 北京市蔬菜种植收购合同 北京市 2009 版
4800 北京市甘薯种植收购合同 北京市 2009 版
5431 福建省农作物种植基地预约生产购销合同 福建省 2008 版

20.2.8.2.2 委托养殖加收购

根据委托方的要求养殖畜、禽、水产品等，委托方负责收购。
13327 广州市龟类委托养殖合同 广州市 2014 版
5325 辽宁省委托养殖合同 辽宁省 2008 版
14195 蚕茧订购合同 四川省 2009 版
4746 北京市活牛养殖收购合同 北京市 2006 版
12086 黑猪繁殖基地养殖合作协议
5175 广东省水产品养殖订购合同 广东省
5174 广东省禽畜委托养殖合同 广东省

20.2.8.3　种子、种苗交易

20.2.8.3.1　委托培育

4979　农作物种子繁殖制种收购合同　上海市 2007 版
4758　北京市种子繁育收购合同　北京市 2006 版

20.2.8.3.2　种子、种苗买卖

5429　福建省农作物种子买卖合同　福建省 2008 版
4967　上海市农作物种子买卖合同　上海市 2007 版
4972　上海市农作物种苗买卖合同　上海市 2007 版

20.2.8.4　食材原料

10326　采购合同　食品材料
5113　食品（保健食品）原辅材料买卖合同　上海市 2005 版
3024　半成品原料供应合作协议

20.2.8.5　食品（制成品）

10991　酒买卖合同　安徽省 2014 版
11118　北京市食品（成品）买卖合同　北京市 2003 版
5143　超市（商场）食品采购合同　江苏省 2004 版
7311　学校用餐供销合同

20.2.8.6　种猪、种禽等

4981　上海市种猪买卖合同　上海市 2007 版
4985　上海市种禽买卖合同　上海市 2007 版

20.2.8.7　农药、肥料、饲料

主要是化肥、种苗等农业物资，不含农业机械。

未包括：农业机械服务类文本（230 页）、农业技术服务类文本（230 页）

12433　农资产品买卖合同　云南省 2018 版
12333　广东省化肥（农药）买卖合同　广东省 2015 版

13324 广州市肥料买卖合同 广州市 2014 版
5080 上海市农药买卖合同 上海市 2007 版
5052 上海市饲料添加剂买卖合同 上海市 2007 版
5066 上海市有机肥料买卖合同 上海市 2007 版
5063 上海市饲料买卖合同 上海市 2007 版

20.3 车辆、交通设备买卖

20.3.1 普通车辆（新车）

4549 汽车买卖合同 新车 工商总局 2015 版
4842 上海市汽车买卖合同 上海市 2014 版
4742 北京市汽车买卖合同 北京市 2015 版
10983 汽车买卖合同 江西省 2015 版

20.3.4 特种车辆

12888 特种车辆订购合同 详细版

20.3.6 普通车辆（二手车）

13832 二手车买卖合同 工商总局 2015 版
12255 广东省二手车买卖合同 广东省 2016 版
4890 上海市二手车买卖合同 上海市 2013 版
13316 广州市二手车买卖合同 广州市 2014 版
10988 二手车买卖合同 深圳市 2014 版

20.3.7 特种车辆（二手车）

2749 工程机械转让合同 挖掘机

20.4 商品代理经销（供货模式）

授权方与代理经销商以买卖供货关系为主，往往附有销售渠道、防止窜货、订购量、经销商管理等约定。不同于具体商品采购，不同于超市采购。

未包括：产品服务推广（收取服务费或佣金）类文本（98 页）、特许经营（含零售加盟）类文本（134 页）、房产中介类文本（93 页）、行纪寄售类文本（101 页）、软件代理经销类文本（196 页）、商场与供应商（含购销模式）类文本（45 页）

20.4.1 独家经销（特定范围）

特定范围内，授权方不再允许其他经销商进行销售。

3456 包销 独家销售合同 通用版
9078 经销合作协议 品牌授权经销 通用版
7890 区域总代理合同
9635 分布式发电系统光伏组件销售代理协议

20.4.2 非独家经销

2405 经销商合作协议 详细版
9377 医院医疗器械经销代理协议
9848 经销代理合同
9037 设备代理销售合同

20.4.3 专卖店经销

一般为厂商授权开设专卖店销售特定品牌商品。双方以买卖经销关系为主。

相关文本：特许加盟（含超市零售加盟）类文本（134 页）

1079 专卖店加盟合同
1228 品牌专营店代理经销合同
1073 加盟服装经营合同

20.4.4 网络代理、网商经销

8457 网络销售代理合同
9623 厂家与微商合作合同

20.4.7 门票代理经销

14497 体育赛事门票销售合同

14482　演出票务代理合同

20.5　特殊商品、资产、虚拟物品转让

未包括：知识产权（含转让）类文本（102 页）

20.5.1　宠物、动物（非畜牧业）

3488　宠物买卖合同　单只　简单版

3390　宠物销售合同　详细版

20.5.2　艺术品、收藏品

12965　艺术作品买卖合同　不保证真伪

12520　文化艺术品买卖合同　批量购买

20.5.3　旧货、废旧物资回收

11180　北京市旧货买卖合同　北京市 2007 版

5065　上海市市政公用废旧金属物资处置合同　上海市 2006 版

8643　废品回收合同

20.5.4　虚拟财产、非物质财产转让

未包括：知识产权转让类文本（102 页）

7408　网站转让出售协议书

3608　网络虚拟财产（游戏账号）转让合同

3394　手机号码转让合同

1665　QQ 号码权转让合同

471　域名转让合同

10072　高尔夫会籍使用权转让协议

20.5.6　小型店铺及资产转让

店铺及资产转让，受让方使用自己的营业执照经营。

未包括：收购并购重组类文本（11 页）、不良资产转让类文本（240 页）、承包

经营类文本（136 页）、商铺租赁类文本（49 页）

12886　店铺资产转让合同　通用详细版

2753　店铺柜台转让合同　简单通用版

11844　工作室（个体工商户）转让合同

9935　个体工商户转让协议　先注销后新设

20.5.7　网店转让

13708　网络店铺（网店）转让居间合同　居间交易　三方版

3528　淘宝店铺转让合同　网店转让

20.5.8　碳资产交易

未包括：知识产权转让类文本（102 页）

12811　碳资产（CCER）交易及管理成套文本

20.6　特殊形式转让、交易

未包括：委托拍卖类文本（79 页）、委托招投标类文本（78 页）、以租代售类文本（55 页）

20.6.2　试用买卖

6225　试用买卖合同　简单通用版

20.6.3　凭样品买卖

6198　凭样品买卖合同

20.6.4　政府采购、集中采购（买卖类）

政府采购各项服务请到相应服务类文本中查找。

4378　中央国家机关电子卖场定点采购协议　中央国家机关政府采购中心 2016 版

13831　江苏省医疗卫生机构药品购销合同　江苏省 2018 版

13836　广西壮族自治区药品集中采购购销合同　广西壮族自治区 2017 版

20.6.5 拍卖、成交

未包括：委托拍卖（提供拍卖服务）类文本（79 页）

12344 拍卖成交确认书 广州市 2010 版

5372 拍卖成交确认书 黑龙江省 2009 版

20.6.6 回购

买方回购卖方商品、货物，且该商品、货物原由买方出售给卖方。

8625 钻石回购合同

20.6.7 团购

未包括：商品房团购类文本（160 页）

14632 家装团购合同

20.6.8 网络销售、电子商务

供需双方在网络平台下单、购买。

5182 湖北省网络购销合同 湖北省 2013 版

13332 广州市网络商品交易 B2C 合同 广州市 2015 版

2318 网络销售合同 3C 商品

20.6.10 商品（财产）互易、置换

6367 产品互换合同

3512 资产置换协议 债权、股权、物权置换通用版

20.7 采购、买卖配套文本

未包括：各类法律关系通用配套文本（146 页）、廉洁 / 反贪污 / 诚信合作类文本（146 页）

20.7.1 质量、验收、安全

5085 超市（大型综合超市）蔬菜流通安全协议 上海市 2005 版

5088 超市（大型综合超市）肉类商品流通安全协议 上海市 2005 版

5079　超市（大型综合超市）水发水产品流通安全协议　上海市 2005 版
13379　供应商质量量承诺书　食品
1940　不使用有害物质协议
14148　装备分承包合同质量要求模板　合同示范条款　军委装备发展部 2018 版

20.7.2　退货、赔偿

11777　解除合同及退款协议　简单通用版
2998　退货合同
8939　费用补偿合同　物料呆滞　损失

20.7.3　返点、优惠

卖方（供方）向买方（采购方）支付返点（根据采购金额）或提供优惠。双方不属于代理经销关系。

未包括：推广服务（获得提成）类文本（98 页）、经销代理（含返点模式）类文本（40 页）、廉洁 / 反贪污 / 诚信合作类文本（146 页）

12877　采购返点合同　通用版
9574　材料商合作合同　采购返利
11215　采购优惠合同
12887　保价协议　保价承诺函

20.7.4　售后服务

5657　售后服务协议
7422　大型设备安装服务协议

20.8　超市 / 商场与供应商

较大型商场与供应商之间的合作（供货）合同，一般不涉及具体商品及数量价格，包括几种模式。未包括一般商品买卖类文本。

未包括：商铺租赁类文本（49 页）

20.8.1　购销模式

超市与供货商之间为买卖（购销）关系。

11095　北京市商品购销合同　商超进货类　北京市 2005 版

7487　超市购销合同

20.8.2　代销模式

超市为供货商提供代销服务，超市从销售收入中收取各项服务费用。注意此类文本并非买卖关系。

13205　北京市商品代销合同　商超进货类　北京市 2005 版

14518　商场商户入驻合同　代销扣费模式

20.8.3　联营模式

又称联合销售模式，一般指“供应商派促销人员到商场销售，商场统一收款、开具发票，商场从销售收入中扣点，商场不负责库存”的模式。

相关文本：商铺租赁（含租金按销售额比例计算模式）类文本（49 页）

14628　商场（超市）与供应商联营合同

4338　百货商场联营合作合同

20.8.4　超市配套服务与收费

超市为供应商提供某类服务，约定收费标准。

1404　超市陈列销售服务合同

·微信扫码——搜合同——输入编号
·打开网址 www.fatianshi.cn/D 编号

租赁

含融资租赁，不含租赁中介服务文本以及中介方、承租方、出租方三方签署的租赁类文本。

未包括：房产中介租赁类文本（94 页）、企业租赁经营（承包经营）类文本（136 页）、服务器 / 主机托管（含租用）类文本（195 页）

- 房产类租赁 / 048
  - 一般居住房屋租赁
  - 公租房、保障性住房租赁
  - 办公、写字楼租赁
  - 孵化器入驻
  - 商铺租赁
    - 正规商业物业租赁
    - 一般门面租赁
    - 商铺返租、委托管理（非整体）
    - 商铺联营（一方提供场地）
  - 柜台、摊位租赁
  - 合租、转租
- 各类场地租赁 / 050
  - 一般通用
  - 厂房（用于生产经营）
  - 仓库、库房
  - 特殊场地（用于安装设备）
  - 特殊场地（用于生产经营）
  - 展览、活动、演出场馆
  - 广告位租赁
  - 城镇（国有）土地租赁
  - 车位租赁（停车服务）
  - 墓地租赁、买卖
  - 地役权
- 物资设备类租赁 / 052
  - 一般物资设备通用
  - 车辆租赁
    - 货运车辆租赁
    - 一般租车（不配司机）
    - 客运租车（配司机）
    - 日常、临时用车
    - 特定车辆租赁
  - 建设工程设备租赁
    - 施工机械租赁
    - 施工设施、物资租赁
  - 电器仪器设备租赁
  - 其他物品、物资租赁
  - 保险柜、保管箱租用服务
  - 船舶租赁
  - 绿植花卉租赁维护
  - 艺术品、文物租赁（借用）
- 融资租赁 / 054
- 以租代售 / 055

- 免费借用 / 055
- 租赁配套文本 / 055
  - 租赁定金
  - 收据、交接等
  - 催告、声明、授权
  - 延期、变更
  - 解除、终止、结算
  - 租赁安全、租赁管理

21.1 房产类租赁

未包括：房产中介租赁类文本（94 页）

相关文本：租赁配套类文本（55 页）

21.1.1 一般居住房屋租赁

716 房屋租赁合同 居住 无中介 通用详细版

4594 房屋租赁合同 居住 无中介 简单版

4810 上海市居住房屋租赁合同 上海市 2016 版

4745 北京市房屋租赁合同 自行成交版 北京市 2008 版

14146 山东省住房租赁合同 山东省 2018 版

21.1.2 公租房、保障性住房租赁

12423 公共租赁住房租赁合同 廉租住房实物配租补贴类 天津市 2013 版

12422 公共租赁住房租赁合同 天津市 2013 版

21.1.4 办公、写字楼租赁

主要是办公场所，并非商铺、店面。

6607 房屋租赁合同 高端写字楼 非常详细

578 房屋租赁合同 办公用

13363 佛山市房屋租赁合同 非住宅 佛山市 2018 版

21.1.5 孵化器入驻

一般是按工位、面积出租给创业公司，并提供会议室等配套服务。

12603 孵化器 创业空间入驻服务合同 三方协议版本

4164　孵化器、创业空间入驻服务合同　两方协议版本
10604　创业空间入驻协议　简单版

21.1.6 商铺租赁

未包括：房产中介租赁类文本（94 页）

21.1.6.1 正规商业物业租赁

一般适用于较大型、复杂的商业物业租赁，文本详细、规范。

9052　商场商铺租赁合同及配套文件全套
9333　商用房屋租赁合同　固定租金

21.1.6.2 一般门面租赁

一般为较小门面、商铺，合同文本较相对简单。

417　门面（商铺 / 房屋）租赁合同　通用详细版

21.1.6.3 商铺返租、委托管理（非整体）

一般受托方保证租金收益。

未包括：商业物业整体委托管理类文本（163 页）

7403　产权式商铺售后返租合同
11044　商铺委托管理合同

21.1.6.4 商铺联营（一方提供场地）

提供场地方一般还投入其他一些资源，一般按比例分成。

未包括：超市与供应商联营类文本（46 页）

9590　餐饮娱乐项目联营合同
3006　商铺联营合同

21.1.7 柜台、摊位租赁

一般为商铺、市场中的一个柜台或摊位的租赁。

4402　柜台租赁经营合同　工商总局 2013 版
13294　广州市市场场地租赁合同　广州市 2018 版
13293　广州市农贸（肉菜）市场档位租赁合同　广州市 2018 版

21.1.8 合租、转租

未包括：店铺资产转让类文本（42 页）

3005 二人合租房屋合同

6073 房屋转租合同

21.2 各类场地租赁

未包括：拍摄场地或置景地租赁类文本（206 页）

21.2.1 一般通用

8228 场地租赁合同

92 场馆租赁合同 活动、会议、展览等

21.2.2 厂房（用于生产经营）

2030 工业厂房租赁合同

10455 厂房租赁合同 简单版

13624 厂房租赁合同 预付租金建设厂房加租赁

21.2.3 仓库、库房

563 仓库租赁合同

7838 冷库租赁合同

21.2.4 特殊场地（用于安装设备）

11207 公用移动通信基站设置房屋租赁合同 上海市 2007 版

9953 光伏发电项目合作合同 租用房屋

21.2.5 特殊场地（用于生产经营）

未包括：拍摄场地或置景地租赁类文本（206 页）

13686 电影院场地租赁合同 固定租金

1796 场地租赁合同 用于经营羽毛球馆

10780 影视作品置景场地租用合同

14722　商场小区临时促销位租赁合同

21.2.6　展览、活动、演出场馆

一般用于租赁场地、场馆举办临时活动，并非用于长期经营。

未包括：参展 / 展览赞助类文本（235 页）

14483　演出场地租赁合同

12662　演出场地（剧场）租赁合同

9399　场地服务合同

12762　体育场馆租赁合同　详细版

13313　广州市展销会参展合同　广州市 2013 版

12761　体育场场地租赁合同　简单版

1720　会议场所租赁合同　详细版

14203　展位场地临时租赁合同

4970　上海市特卖会场地租赁合同　上海市 2011 版

2046　会议场地租赁合同　简单版

5060　上海市展览场地租赁合同　上海市 2005 版

21.2.7　广告位租赁

一般是广告经营者或广告发布者租赁场地作为广告位，并非广告主委托发布广告。

未包括：户外广告发布类文本（232 页）

659　广告位租赁合同

7918　电梯广告位租赁合同

21.2.8　城镇（国有）土地租赁

未包括：国有土地出让类文本（154 页）、国有土地使用权转让类文本（155 页）、农业林业承包经营类文本（227 页）

9550　国有土地使用权租赁合同

11196　山东省行政事业单位土地使用权租赁合同　山东省 2011 版

6271　土地使用权租赁合同　简单通用版

21.2.10 车位租赁（停车服务）

租赁车位自用，不适用于租赁较大场地用于经营停车场业务。实务中，本类合同也可能名为“停车服务合同”。

未包括：车位租售（一手）类文本（161 页）、车位 / 车库买卖（二手）类文本（31 页）

10653 车位租赁协议 详细版

90 车位租赁合同 无中介 简单版

10562 车位租金 车位费收据

21.2.11 墓地租赁、买卖

5212 广东省经营性公墓墓位使用合同 租赁墓位 广东省 2015 版

10574 墓地购置协议

21.2.12 地役权

8060 地役权设定协议 通行地役权

21.3 物资设备类租赁

21.3.1 一般物资设备通用

2385 产品租赁合同 通用版

88 租赁合同 一般物品 设备

21.3.2 车辆租赁

相关文本：货运服务类文本（199 页）、客运服务类文本（200 页）

21.3.2.1 货运车辆租赁

921 汽车运输服务合同 车辆配司机

21.3.2.2 一般租车（不配司机）

租车公司出租车辆，用于承租人自用。

11183 北京市汽车租赁合同 北京市 2015 版
4913 上海市汽车租赁合同 上海市 2014 版
12142 汽车租赁合同 河北省 2017 版

21.3.2.3 客运租车（配司机）

相关文本：班车专车类文本（200 页）、旅游包车类文本（201 页）
156 班车租赁合同 班车接送服务 详细版
7070 汽车租赁合同 配司机 简单通用版
13775 车辆租赁框架合同 框架加订单模式

21.3.2.4 日常、临时用车

出租车辆一方一般并非专业租车公司，而是个人、公司临时用车。
未包括：免费借用车辆类文本（55 页）
87 车辆租赁合同 无中介 非租车公司 详细版
9726 车辆租赁合同 简单版 日常临时租借
13283 机动车辆借用承诺书

21.3.2.5 特定车辆租赁

相关文本：班车专车类文本（200 页）、旅游包车类文本（201 页）
10043 房车租赁合同
7678 婚车租赁合同

21.3.3 建设工程设备租赁

21.3.3.1 施工机械租赁

4815 北京市建筑施工设备服务合同 塔式起重机和施工升降机版 北京市 2015 版
4782 北京市建筑施工机械租赁合同 北京市 2008 版
4968 上海市建筑施工机械租赁合同 上海市 2009 版
446 叉车租赁合同 提供司机
447 叉车租赁合同 不提供司机

21.3.3.2　施工设施、物资租赁

4948　上海市建筑模板租赁合同　上海市 2010 版
11193　建筑周转材料租赁合同　四川省

21.3.4　电器仪器设备租赁

未包括车辆、施工机械、保险柜、船舶等租赁。
未包括：服务器租用托管类文本（195 页）
11205　行政事业单位仪器设备租赁合同　山东省 2011 版
10967　演艺设备租赁合同　包括安装　拆卸
13899　复印机租赁合同

21.3.5　其他物品、物资租赁

13549　服装租赁合同
7151　婚纱礼服合同　购买或租赁

21.3.6　保险柜、保管箱租用服务

7785　中国工商银行保管箱租用协议

21.3.7　船舶租赁

2049　机动渔船租赁合同

21.3.8　绿植花卉租赁维护

13793　绿化花卉租赁及养护合同　详细版

21.3.9　艺术品、文物租赁（借用）

6670　艺术品租赁合同
14492　文物借用合同

21.4　融资租赁

10167　融资租赁业务全套文本

6833　融资租赁业务成套文本

1988　融资租赁成套文本

21.6　以租代售

分期支付租金，符合条件时转为购买。

8331　房产以租代售合同

9175　汽车以租代购合同

21.7　免费借用

未包括：人员借调类文本（119 页）

9202　借用公司物品借据

13383　员工使用公司车辆协议　免费使用

3434　日常物品借用协议　简单版

3653　车辆免费借用合同　附借条

21.8　租赁配套文本

未包括：各类法律关系通用配套文本（146 页）

21.8.1　租赁定金

未包括：一般定金类文本（132 页）

3525　租房定金合同　无中介

10603　租房定金收据

21.8.2　收据、交接等

13292　房地产租赁交接书

8131　房屋租金押金定金收据　四种格式

12752　房屋租赁配套表格

21.8.3 催告、声明、授权

3545 承租人放弃优先购买权声明
13342 立即腾退归还房屋通知书 出租方通知承租方
13341 优先购买权通知 两种格式
3630 租金催款函
7497 催告函 承租人要求出租人修复房屋
13343 清退物品通知 出租方通知承租方
513 授权委托书 用于房屋租赁

21.8.4 延期、变更

7367 租赁延期 变更协议
7199 租赁合同主体变更三方协议

21.8.5 解除、终止、结算

3678 房屋租赁提前终止协议
13344 解除租赁合同通知 三种格式
12727 律师函 通知解除房屋租赁

21.8.6 租赁安全、租赁管理

10722 房屋租赁安全责任书

· 微信扫码——搜合同——输入编号
· 打开网址 www.fatianshi.cn/D 编号

承揽 / 劳务 / 服务

企业（经营者）面向客户（单位、个人等）提供的各类服务相关文本，多数是面向单位提供的收费服务。含咨询策划、律师服务、保管仓储、培训教育、餐饮酒店服务。

未包括：公用事业服务类文本（218 页）、软件 IT 服务类文本（194 页）、物流运输服务类文本（199 页）、金融保险证券期货服务类文本（178 页）、保证服务（127 页）

- 加工承揽定制（提供实物成果）/ 060
  - 委托方自己使用为主
    - 一般通用类
    - 服装鞋类定制
    - 礼品、工艺品定制
    - 家具、建材定作
    - 广告、宣传、标识类物料定作
      - 不含内容设计
      - 含设计
    - 印刷、印制、光盘制作
    - 建材（含门窗）定制
    - 其他物品定作
    - 生产资料定作
      - 模具定作、加工、开发
      - 电子产品加工
      - 其他生产资料
    - 船舶建造
    - LED 屏幕定作
  - 委托方作为生产商外包、复杂定制
    - OEM（贴牌生产）
    - ODM（委托设计、制造）
    - 来料加工
    - 复杂定制开发供应
- 劳务类服务（一般不提供实物成果）/ 064
  - 一般通用劳务外包（派遣型）
  - 一般通用劳务外包（项目型）
  - 其他专项劳务服务
    - 维修（一次性或定点维修）
      - 定点维修
      - 一般通用、一般设备
      - 车辆
      - 电梯
      - 其他机械设备
      - 其他物品
    - 定期维修维护保养
      - 一般通用
      - 电梯
      - 大型机械设备
      - 消防设备
      - 安防监控设备
      - 空调

计算机、硬件、机房等

其他系统、设备

◎ 保洁清洗（非家政）

定期保洁（清洗）

衣物清洗（定期）

衣物清洗（一次性）

一次性建筑物清洗、清洁

一次性设备设施清洗

◎ 家政类服务

个人直接提供服务

机构养老服务

月子中心服务

上门家政服务（中介制）

上门家政服务（员工制）

◎ 测量测绘、检验鉴定、试验

地理测绘（测量）

设备测试

质量检测、检验检疫

水质检测、环境检测

司法鉴定

◎ 装卸

◎ 搬家、搬迁

◎ 一般设备改造

◎ 废弃物处置、垃圾处理

◎ 安保（保安）

◎ 林业看护

◎ 婚庆、礼仪

◎ 票务服务

◎ 卫生、消毒、环境净化

一次性服务

定期服务（定期结算）

◎ 医疗、健康相关服务

体检、职业健康类服务

其他医疗健康服务

◎ 招聘、求职相关服务

向用人单位提供服务

向劳动者一方提供服务

◎ 绿化养护、树木种植

◎ 信息录入、速记

◎ 翻译服务

◎ 殡葬服务

◎ 派单服务

◎ 屠宰服务

◎ 志愿者服务

● 委托代办 / 075

○ 一般通用

○ 代办工商注册变更注销等

○ 代理记账会计财务

○ 委托审计

○ 委托认证咨询

○ 委托办证审批

○ 委托项目申报

○ 委托报关、进出口

○ 委托购买（代购）

○ 委托经营、委托管理

◎ 整体委托经营

◎ 部分业务、资产委托经营

◎ 网络平台代管代运营服务

○ 委托招投标（不含建设工程）

- 委托监制
- 委托试验
- 委托拍卖
- 售后服务委托

设计、制作、创作（含广告设计）/ 079

- 一般通用
- 平面类设计（以设计为主）
- VI、CI（企业形象系统）类设计
- 摄影摄像
- 宣传视频、简单视频制作
- 动画设计制作
- 产品设计
- 服装设计
- 数据加工、建模
- 其他设计、制作

评估、咨询、策划、信息服务 / 081

- 可行性研究
- 价值 / 资产评估
- 一般、通用咨询合同
- 管理、绩效、薪酬等咨询
- 技术咨询、顾问
- 财务 / 税务咨询、顾问
- 投融资咨询
- 行业 / 产业 / 市场调查研究、信息服务
- 年度咨询顾问
- 其他专项事务咨询、顾问
- 个人提供顾问服务、兼职顾问
- 向个人、家庭提供的咨询、顾问服务
  - 留学、教育
  - 婚介
  - 其他咨询顾问
- 广告营销类咨询策划
  - 整体营销服务（按工作量计费）
  - 整体营销服务（固定费用）
  - 特定项目整体策划
  - 企业形象、公关咨询服务
  - 网络营销咨询顾问

委托律师服务 / 085

- 诉讼类业务
  - 一般代理
  - 风险代理
- 非诉讼业务
  - 常年法律顾问
  - 专项法律事务
- 变更、解除委托等

会展、活动承揽服务 / 086

- 活动策划承办
- 展会 / 舞台布展、施工等
- 展会 / 舞台设计

保管仓储 / 087

- 一般保管
- 特定物品保管
- 无偿保管

- 一般仓储
- 粮食仓储、储备
- 特定仓储
- 质押物仓储

- 培训教育 / 088
  - 向个人、家庭提供服务
    - 一般通用
    - 家教、课外辅导
    - 驾校培训、陪练
    - 幼儿教育、托儿所
    - 考试服务
    - 其他培训
  - 向单位提供培训服务
    - 拓展培训
    - 其他专项培训（非学校教育）
    - 委托培养、定向培养

- 其他消费、服务 / 090
  - 餐饮、酒店
    - 一般餐饮服务
    - 签单、统一结算等协议
    - 接待、会议服务
  - 充值、预付费类服务
  - 会员协议
  - 会员章程

22.1 加工承揽定制（提供实物成果）

根据需方要求定制、加工、承揽产品、货物相关文本。工作成果一般为实物，不包括提供设计、咨询等提供智力成果的服务以及劳务服务。

"建设工程中的设备定制加安装"参考：安装工程类文本（171 页）

未包括：劳务服务类文本（64 页）、设计服务（含设计加制作）类文本（79 页）

22.1.1 委托方自己使用为主

委托方（需方）委托受托方（供方）加工、定制特定物品，以满足委托方自己使用的需求。此类文本强调符合委托方特定需求，定制数量较少，文本相对简单。

22.1.1.1 一般通用类

9074　加工承揽合同　通用版

10953　定作合同

11909　北京市承揽合同　北京市 2008 版

22.1.1.2 服装鞋类定制

13295 广州市校服采购合同 广州市 2017 版
10328 批量服装订购合同 详细版
946 演出服装制作合同
5741 服装加工定作合同
864 工作西服定制合同
919 皮鞋定制合同

22.1.1.3 礼品、工艺品定制

14493 艺术品复制合同
950 油画定制合同 简易版
908 礼品定制采购合同
846 酒产品开发定制合同

22.1.1.4 家具、建材定作

家具、建材定作（可能含简单安装）。不同于建设工程中的复杂定制与复杂安装工程。

未包括：成品家具购买类文本（34 页）、建材购买类文本（35 页）、建设项目安装工程（含定制）类文本（171 页）

13206 北京市家居定作合同 北京市 2017 版
4983 上海市橱柜定作合同 上海市 2009 版
838 定制家具合同 通用版

22.1.1.5 广告、宣传、标识类物料定作

以物料制作为主，包括简单设计加制作服务类文本。

未包括：设计制作创作（含广告设计）类文本（79 页）

22.1.1.5.1 不含内容设计

14165 围挡广告制作合同
14186 沙盘模型承揽合同
11004 沙盘模型制作安装协议

924　荣誉墙制作合同　简单版

22.1.1.5.2　含设计

14190　标识标牌等制作委托合同　通用版
652　DM 单、宣传单制作合同
1052　宣传广告板、宣传彩页制作合同

22.1.1.6　印刷、印制、光盘制作

14189　销售物料印刷制作委托合同　通用版
3483　年度长期印刷合作协议

22.1.1.7　建材（含门窗）定制

未包括：批量定制安装门窗部分件工程类文本（174 页）
2909　小区门窗制作安装合同
11018　防火门、防火卷帘制作及安装施工合同
832　地板加工定作合同
3262　铜门采购安装合同
12411　家居定制商品合同　天津市 2017 版
10464　委托生产合同　沟盖板
10047　重庆市建筑钢筋加工配送合同　重庆市 2017 版
815　彩钢棚加工定作合同

22.1.1.8　其他物品定作

9008　花圃制作承揽合同
947　义齿加工合同

22.1.1.9　生产资料定作

22.1.1.9.1　模具定作、加工、开发

915　模具制造合同　简单版
3412　模具委托开发制造合同

22.1.1.9.2 电子产品加工

2265 集成电路制作合同

3382 零部件热处理合同

22.1.1.9.3 其他生产资料

813 玻璃加工定作合同

854 定制箱子合同

931 塑料加工合同

3203 电力产品热浸镀锌合同

22.1.1.10 船舶建造

4374 新建内河示范船协议书 财政部 2015 版

22.1.1.11 LED 屏幕定作

未包括：户外广告（含 LED 广告）发布类文本（232 页）

12616 LED 显示屏制作及安装工程合同

22.1.2 委托方作为生产商外包、复杂定制

委托方（需方）委托受托方加工、定制货物，用于委托方再生产、对外销售，相当于委托方将自己的生产环节进行了部分外包，或者比较复杂的定制开发。

22.1.2.1 OEM（贴牌生产）

773 OEM 贴牌生产代工合同 详细通用版

4458 OEM 贴牌生产代工合同 食品

866 OEM 贴牌生产代工合同 化妆品

932 陶瓷墙砖委托加工生产协议 贴牌生产

8788 服装加工厂合作合同

776 OEM 贴牌生产代工合同 电器

22.1.2.2 ODM（委托设计、制造）

3415 ODM 框架合同

10243　ODM 加工合同　电商

3652　ODM 协议书　xDSL 产品

22.1.2.3　来料加工

5909　电子产品外协加工合同　详细版

6451　中外来料加工合同

5754　来件装配合同

22.1.2.5　复杂定制开发供应

以零部件的定制开发供应为典型，对定制要求、产品质量、长期供应有详细约定。

14756　汽车零部件供应合同

22.2　劳务类服务（一般不提供实物成果）

以提供劳务为主，一般并不提供实物成果，也不提供智力成果。

未包括：劳动合同类文本（114 页）、物业管理服务类文本（163 页）、个人兼职劳务类文本（119 页）

22.2.1　一般通用劳务外包（派遣型）

类似劳务派遣，服务费用定期结算，一般与服务人数、工作时间相关，服务方安排人员到委托方服务，但双方约定不属于劳务派遣。注意有可能构成事实上的劳务派遣。

未包括：劳务派遣类文本（121 页）、劳动合同类文本（114 页）、物业管理服务类文本（163 页）、个人兼职劳务类文本（119 页）、建设项目劳务分包类文本（169 页）

8830　服务承包　服务外包合同　通用详细版

4596　外包服务合同附人员配置方案　简单版

2982　软件技术人员外包服务合作框架合同

835　服务外包框架合同

4610　外包补充合同

22.2.2　一般通用劳务外包（项目型）

服务方（承揽方）负责指定项目，委托方按约定支付费用。

未包括：劳务派遣类文本（121 页）、建设项目劳务分包类文本（169 页）

82　服务合同　通用详细版

1002　劳务承包合同　通用简单版

266　劳务承包合同　包工头版

22.2.3　其他专项劳务服务

22.2.3.1　维修（一次性或定点维修）

一般按具体维修项目收费，不同于定期维护保养类服务。

未包括：软件维护服务类文本（196 页）、房屋加固改造维修类文本（170 页）

22.2.3.1.1　定点维修

主合同中未明确具体维修项目与费用，需要通过另外的订单或结算单明确项目与费用。

7702　中央国家机关汽车维修定点采购合同　国家机关政府采购中心 2015 版

6472　车辆定点维修合同　简单版

22.2.3.1.2　一般通用、一般设备

4975　上海市电脑维修服务合同　上海市 2008 版

105　设备维修维护合同　简单通用版

5925　修缮修理合同　通用详细版

22.2.3.1.3　车辆

11828　浙江省汽车维修合同　浙江省 2015 版

4751　北京市汽车维修合同　北京市 2009 版

22.2.3.1.4　电梯

未包括：电梯安装类文本（173 页）、电梯定期保养维护类文本（66 页）

3015　电梯大修工程合同

22.2.3.1.5　其他机械设备

4780　北京市农业机械维修合同　北京市 2007 版

4445 农业机械维修合同 农业部 2008 版
13901 炼油化工装置检修合同

22.2.3.1.6 其他物品

12429 皮革护理合同 天津市 2016 版

22.2.3.2 定期维修维护保养

22.2.3.2.1 一般通用

5166 福建省硬件设备维护服务合同 福建省 2008 版
2315 信息技术产品维护服务合同 软件加硬件
7484 保修服务合同

22.2.3.2.2 电梯

未包括：电梯一次性维修类文本（65 页）、电梯安装类文本（173 页）
5292 浙江省电梯日常维护保养合同 浙江省 2016 版
12410 电梯维护保养服务合同 天津市 2015 版
9494 电梯维修保养合同 全包

22.2.3.2.3 大型机械设备

3195 龙门吊维修保养合同
12598 通信铁塔维保服务合同
9459 冷水机组维护保养服务合同
9507 柴油发电机组维护保养合同
3251 塔式起重机维修保养合同
7017 配电设备委托管理合同
7137 叉车维修保养服务合同

22.2.3.2.4 消防设备

11655 建筑消防设施维修保养合同 山东省 2011 版
5147 建筑消防设施维修保养合同 江苏省
3087 消防维护保养合同

22.2.3.2.5　安防监控设备

3038　监控系统维保合同

6013　安防系统维修维护合同

22.2.3.2.6　空调

4172　中央空调主机维修保养合同

8209　空调维修保养合同

2383　空调维修保养合同

8414　空调系统维修保养合同

22.2.3.2.7　计算机、硬件、机房等

未包括：软件 / 网站维护（不含硬件）类文本（196 页）

843　机房服务外包合同

2827　计算机硬件设备维护服务合同

22.2.3.2.8　其他系统、设备

9417　光缆线路维护服务合同

3039　弱电系统年维保合同范本和方案

125　办公设备保养维修合同

3194　交通警察支队智能交通系统维保合同

22.2.3.3　保洁清洗（非家政）

一般是为公司，以外包方式提供服务。

未包括：家政服务类文本（68 页）、卫生消毒环境净化服务类文本（72 页）、物业管理类文本（163 页）、劳务派遣类文本（121 页）

22.2.3.3.1　定期保洁（清洗）

14709　小区保洁服务合同

9461　商业广场保洁服务合同　详细版

4171　厨房设备清洗合同

9419　隔油池、化粪池、排水管道清掏合同

22.2.3.3.2　衣物清洗（定期）

9851　工服清洗服务合同　定期

22.2.3.3.3　衣物清洗（一次性）

13299　广州市衣物洗涤　议价　服务合同　广州市 2013 版
5133　广东省工衣制服与布草洗涤服务合同　广东省 2014 版
13301　广州市衣物洗涤　非议价　服务合同　广州市 2013 版

22.2.3.3.4　一次性建筑物清洗、清洁

13598　物业（房产）开荒保洁合同
12764　外墙及室内清洁服务合同　详细版

22.2.3.3.5　一次性设备设施清洗

4978　上海市空调系统清洗服务合同　上海市 2009 版

22.2.3.4　家政类服务

向家庭、个人提供的家政服务类文本。

未包括：保洁清洗（非家政）类文本（67 页）

22.2.3.4.1　个人直接提供服务

个人向家庭、个人提供的家政服务类文本。

未包括：劳动合同类文本（个人向单位提供劳动）（114 页）、兼职劳务类文本（个人向单位提供劳务）（119 页）

9490　家政服务合同　家庭直接雇佣
8176　母婴护理月嫂合同
8384　个人家教合同
9770　个人雇佣司机合同

22.2.3.4.2　机构养老服务

老人住进养老机构，养老机构提供相关服务。

13687　浙江省养老机构服务合同　浙江省 2017 版

12251　养老机构服务合同　民政部 2016 版
4908　上海市养老服务合同　上海市 2012 版
6989　老人住养服务合同　简单版

22.2.3.4.3　月子中心服务

不含上门服务类文本。
3675　跨国月子中心咨询服务合同
3674　月子中心服务合同

22.2.3.4.4　上门家政服务（中介制）

服务机构为家庭提供中介（介绍服务人员）的服务。
12183　家政服务合同　中介制　江苏省 2015 版
4529　家政服务合同　中介制　商务部 2014 版
11787　上海市家政服务合同　上海市 2014 版
7896　月嫂中介服务合同　两方版
2810　家政服务合同　中介形式

22.2.3.4.5　上门家政服务（员工制）

上门服务人员为服务机构的工作人员，服务机构对上门服务人员的服务承担责任。

不适用于将服务人员派遣到用工单位（非个人或家庭）服务的劳务派遣模式。

未包括：劳务派遣类文本（121 页）
81　家政服务合同　通用简单版
5148　江苏省家政服务合同　员工制　江苏省 2015 版
12265　山西省家政服务合同　山西省 2015 版
4520　家政服务合同　员工制范本　商务部 2014 版
13315　广州市家政服务合同　广州市 2013 版
13314　广州市母婴护理（月嫂）服务合同　广州市 2013 版
14163　成都市保姆（钟点工）服务合同　成都市
14196　成都市家庭清洁（保洁）合同　成都市

22.2.3.5 测量测绘、检验鉴定、试验

未包括：建设工程检测类文本（159 页）、工程房产测绘类文本（157 页）

22.2.3.5.1 地理测绘（测量）

地理测绘或类似项目。

未包括：工程房产测绘类文本（157 页）

5309 江苏省测绘地理信息服务合同 江苏省 2014 版

12400 测绘地理信息服务合同 四川省 2016 版

5360 四川省测绘地理信息服务合同 四川省 2016 版

4416 测绘合同 国家测绘局 2000 版

4936 上海市地下管线跟踪测量技术服务合同 上海市 2012 版

22.2.3.5.2 设备测试

7159 节能设备委托测试合同

22.2.3.5.3 质量检测、检验检疫

6479 煤炭质量检测委托合同

7531 绿色食品检测机构委托合同

14048 煤炭质量检测委托合同

3548 委托检测、检验合同 检验检疫

5748 检验测试合同

22.2.3.5.4 水质检测、环境检测

未包括：建设项目环境评估类文本（157 页）、空气环境治理服务类文本（72 页）

7356 锅炉水质监测协议

7030 室内环境质量检测委托合同

22.2.3.5.5 司法鉴定

11819 司法鉴定协议书 浙江省 2011 版

22.2.3.6 装卸

890 装卸服务合同 简单填空版
9959 装卸业务承包合同

22.2.3.7 搬家、搬迁

可能含拆卸。
未包括：房地产拆迁服务类文本（156 页）
4991 上海市搬场、搬家服务合同 上海市 2009 版
13890 办公室物品及设备搬迁服务合同
6570 生产线拆卸运输安装服务合同
7707 办公家具拆组服务合同
865 公司搬家合同

22.2.3.8 一般设备改造

未包括：房屋加固改造维修类文本（170 页）
4914 上海市节能改造服务合同 上海市 2014 版
3061 设备改造合同 一般通用版
2306 变压器技术改造协议

22.2.3.9 废弃物处置、垃圾处理

4846 北京市非居民生活垃圾收集运输服务合同 北京市 2014 版
4768 北京市餐厨废弃油脂收集运输服务合同 北京市 2012 版
13874 北京市餐饮服务单位餐厨垃圾收集运输服务合同 北京市 2017 版
13891 固体废物处置合同
11040 垃圾清运协议
2814 污水接纳处理合同

22.2.3.10 安保（保安）

一般为定期服务，按服务时间、人数等计费。
未包括：劳务派遣提供保安服务类文本（121 页）、物业管理类文本（163 页）
5961 小区保安服务合同

13547 仓库保安服务合同
9786 保安服务合同 随身护卫

22.2.3.11 林业看护

7941 山林防护管理承包合同
7789 农场森林管护合同

22.2.3.12 婚庆、礼仪

婚礼服务，或者主持、礼仪方面的单项服务，不适用于较复杂的活动承揽。

未包括：活动承揽类文本（86 页）、演出承揽类文本（210 页）、邀请演出类文本（210 页）、摄影摄像（含婚纱摄影）类文本（80 页）

5268 黑龙江省婚庆礼仪服务合同 黑龙江省 2013 版
5154 山东省婚礼庆典服务合同 山东省 2013 版
5332 四川省婚礼庆典服务合同 四川省 2008 版
4674 北京市婚礼服务合同 北京市 2007 版
3033 礼仪服务合同

22.2.3.13 票务服务

为客户提供订票、差旅方面服务。不适用于直接票务销售。

未包括：票务代理经销类文本（41 页）

3492 商旅服务合作协议 机票订票服务
2381 委托购票服务合同

22.2.3.14 卫生、消毒、环境净化

卫生、消毒、环境净化方面的收费服务。

22.2.3.14.1 一次性服务

12882 室内空气污染治理服务合同 详细版
7634 室内空气污染治理合同 简单版
13773 小区化粪池及窨井吸污服务合同
12875 贮水池清洗保洁合同

9493　商业广场除四害消杀服务合同

22.2.3.14.2　定期服务（定期结算）

参考文本：定期保洁（清洗）类文本（67 页）

7506　医院委托消毒灭菌供应合同

22.2.3.15　医疗、健康相关服务

医疗、健康、卫生行业面向客户（单位、个人）提供医疗、健康服务类文本。

未包括：公共医疗卫生相关文本（221 页）

22.2.3.15.1　体检、职业健康类服务

医疗、健康、卫生行业面向客户（单位、个人）提供医疗、健康服务类文本。

3022　员工健康体检协议书　用人单位与体检机构

10631　健康体检协议

7215　公司职业健康服务协议

22.2.3.15.2　其他医疗健康服务

医疗、健康、卫生行业面向客户（单位、个人）提供医疗、健康服务类文本。

未包括：公共医疗卫生相关文本（221 页）、月子中心服务类文本（69 页）、养老服务类文本（68 页）

6669　干细胞储存协议

9349　海外医疗服务委托合同

2793　社区家庭医生服务合同

22.2.3.16　招聘、求职相关服务

招聘服务企业提供求职、招聘服务。

未包括：劳动用工类文本（113 页）

22.2.3.16.1　向用人单位提供服务

招聘、猎头、背景调查等服务。

未包括：劳动用工类文本（113 页）、绩效薪酬咨询服务类文本（82 页）

10881 人才寻访服务合同 猎头服务
1924 招聘外包服务合同 低端 批量招聘
13536 职业背景调查服务协议
1925 网络招聘平台服务合同

22.2.3.16.2 向劳动者一方提供服务

职业介绍、咨询等服务。

未包括：劳动用工类文本（113 页）、培训教育类文本（88 页）

7158 境外就业中介服务合同
7644 简历制作咨询服务协议书
8226 职业介绍合同

22.2.3.17 绿化养护、树木种植

未包括：物业管理类文本（163 页）、园林绿化施工类文本（170 页）

6660 绿化养护合同 附详细养护标准、养护计划
9496 广场绿化养护服务合同
9143 绿化种植工程劳务清包协议

22.2.3.18 信息录入、速记

7711 速记服务与保密合同
4162 数据录入服务合同
4163 数据采编录入和维护合同 详细版

22.2.3.19 翻译服务

服务方为委托方提供口译、翻译服务。

未包括：翻译版权许可类文本（105 页）

849 口译服务合同
7472 笔译服务合同 通用详细版

22.2.3.20 殡葬服务

5017 上海市殡葬代理服务合同 上海市 2011 版

5213　广东省民办殡仪服务机构服务合同　广东省 2015 版

22.2.3.21　派单服务

未包括：产品服务居间推广类文本（98 页）

14185　DM 派单合同

22.2.3.22　屠宰服务

9212　畜禽定点屠宰企业接受委托屠宰合同

22.2.3.23　志愿者服务

一方提供志愿服务，双方不构成劳动关系或雇佣关系，不享受正常工资或报酬。

2815　志愿服务合同　通用版

8967　志愿者合作合同

14682　体育赛事志愿者服务合同

10534　志愿服务协议　福利院与志愿者协会

783　志愿服务合同　社区劝导员

22.3　委托代办

受托方代表委托方完成某项事务，且该事务需要以委托方名义与第三方沟通、处理。如果仅仅是受托方完成某项事务，并不涉及以委托方名义处理事务，或并不涉及与第三方沟通、处理，则不属于本类别。

未包括：代理经销类文本（40 页）、行纪（寄售）类文本（101 页）、保证服务类文本（127 页）、委托律师服务类文本（85 页）

22.3.1　一般通用

参考文本：一般劳务外包类文本（64 页）

440　委托合同　一般通用版

11798　北京市委托合同　北京市 2001 版

22.3.2 代办工商注册变更注销等

581 工商注册委托代理合同 通用版
12830 园区入驻企业服务协议 工商财务
12929 住所托管服务协议书 提供公司注册地址
13588 委托代办合同 工商登记报税注销通用 详细版
13587 公司注销委托代理合同

22.3.3 代理记账会计财务

7114 代理建账合同
5914 会计服务合同
12829 财务尽职调查服务合同

22.3.4 委托审计

6934 审计业务委托合同
789 工程审计委托合同
6933 房地产内部审计业务合同
10913 审计业务委托合同 用于发行企业债债券

22.3.5 委托认证咨询

一般为某项认证、评级及相关咨询服务。

7228 ISO9000 质量认证咨询合同
685 高新技术企业认定代理申报合同
10915 信用评级委托协议 用于发行企业债债券
8231 消防产品 3C 认证合同
7242 双软认证委托服务合同

22.3.6 委托办证审批

代办某项审批、资质，但非工商登记。

2623 FDA 企业注册委托代理合同
1945 消防报批报审服务合同
7570 ICP 经营许可证咨询服务协议书

22.3.7 委托项目申报

12674 项目申报咨询服务合同 按申报成功比例支付费用

12960 咨询顾问服务协议 单项服务 政府扶持项目审批

22.3.8 委托报关、进出口

7572 报关委托代理协议

22.3.9 委托购买（代购）

未包括：产品服务居间推广类文本（98 页）、代理经销类文本（40 页）、行纪（寄售）类文本（101 页）、票务服务（含代购票）类文本（72 页）

14053 铁矿石进口委托代理合同

22.3.10 委托经营、委托管理

经营主体不变的情况下，委托方将经营管理交由受托方负责，经营并向受托方支付费用。不包括“承包经营、承包方向发包方支付费用”的承包类文本。

特别包括“单位将内部食堂、幼儿园等委托第三方管理，同时向受托方支付费用的委托管理”类文本（现实中常名为“承包”）。

未包括：基金委托管理类文本（192 页）、承包经营类文本（136 页）、管理咨询服务类文本（82 页）、商铺返租 / 委托管理（单个商铺）类文本（49 页）、房产中介（托管模式）类文本（95 页）、房地产项目委托经营管理类文本（163 页）

22.3.10.1 整体委托经营

资产、项目等整体委托经营管理，受托方一般为专业管理公司。包括固定托管费用或提成（奖励）模式。

未包括：承包经营类文本（136 页）、房地产项目整体委托经营管理类文本（163 页）

14059 企业托管经营协议

11930 环境污染第三方治理合同 发改委 2016 版

404 酒店管理合同 通用

1099 便利店 连锁店委托经营管理合同

22.3.10.2　部分业务、资产委托经营

一般为企业内部某项业务、资产委托经营管理，并向受托方支付费用。

13714　选矿生产线承包合同

4616　单位食堂承包协议

9364　学生宿舍管理承包合同

4945　上海市党政机关食堂餐饮服务合同　上海市 2012 版

22.3.10.3　网络平台代管代运营服务

主要是推广、运营方面的服务。

未包括：网站维护服务类文本（196 页）

14170　微信公众号平台建设维护服务合同　按月付费

3267　淘宝天猫店铺委托运营合同　托管推广等服务

7761　微博营销合同　类似托管　代运营维护

2928　微信公众平台托管代运合同　合作分成

22.3.11　委托招投标（不含建设工程）

委托招标方与招标代理机构之间的委托代理类文本。

未包括：建设工程招投标（含代理）相关文本（158 页）、委托拍卖类文本（79 页）

13602　物资设备采购招标代理合同　填空版

13603　项目招标（采购）代理合同　通用版

10214　招标委托代理协议　通用　简单版

4910　内资招标采购委托代理合同

6443　利用国际金融组织贷款赠款项目采购服务委托代理合同

7757　委托代理采购合同

4921　物资设备采购招标代理合同

7587　前期物业管理委托招标代理协议

22.3.12　委托监制

未包括：影视剧监制聘用类文本（207 页）、建设工程监理类文本（167 页）

2764　食品监制合同

22.4.2　平面类设计（以设计为主）

11818　平面设计作品委托合同　深圳市 2007 版
5897　商标标志设计合同
2221　杂志封面设计合同
10793　电影片海报制作合同
14187　楼盘效果图承揽合同

22.4.3　VI、CI（企业形象系统）类设计

14159　企业 VI 品牌设计委托合同
7697　企业形象识别系统　CIS 建设设计合同

22.4.4　摄影摄像

一般摄影摄像服务，重点在于服务而不在于知识产权。不适用于委托创作类摄影。

未包括：图片 / 摄影许可类文本（106 页）、委托创作类文本（107 页）、肖像权许可 / 模特服务类文本（106 页）

121　产品拍摄服务合同
11287　天津市婚纱摄影服务合同　天津市 2011 版
12016　北京市婚纱摄影服务合同　北京市 2009 版
5007　上海市纪实摄影服务合同　上海市 2006 版
5003　上海市纪实摄像服务合同　上海市 2006 版

22.4.5　宣传视频、简单视频制作

一般宣传、简单视频制作，不适用于影视产品制作。

未包括：影视剧委托制作类文本（205 页）

775　影视 VCR 制作合同　详细版
7911　广告片拍摄制作合同
4905　上海市视频制作合同　上海市 2015 版
13162　小视频委托创作合同　上海市 2018 版

22.4.6　动画设计制作

一般宣传、简单动画制作（类似宣传视频制作），不适用于作为影视产品的动画

制作。

未包括：影视剧委托制作类文本（205 页）

14509 动画制作合同

22.4.7 产品设计

以工业设计为主。

10242 产品设计委托合同

22.4.8 服装设计

未包括：服装定制类文本（61 页）

7574 服装设计合同

22.4.11 数据加工、建模

9491 三维实景建模服务合同

22.4.12 其他设计、制作

2571 手体字库制作合同

13763 声像技术服务合同 工程竣工档案备案声像档案制作

22.5 评估、咨询、策划、信息服务

未包括：建设工程评估咨询类文本（157 页）

22.5.1 可行性研究

未包括：房地产项目可行性研究类文本（157 页）

5369 可行性研究报告编制合同

5374 可行性研究报告编制委托合同

22.5.2 价值 / 资产评估

未包括：建设工程造价结算咨询类文本（158 页）

10207 资产评估业务委托合同

12158　房地产估价委托合同　常州市 2006 版

22.5.3　一般、通用咨询合同

14208　商业顾问咨询合同

1391　咨询服务合同　通用版

22.5.4　管理、绩效、薪酬等咨询

4601　人力资源咨询服务协议

7548　预算绩效管理委托协议

4598　咨询服务合同　薪酬和绩效管理

893　咨询管理合同　协助管理、维护管理、培训

22.5.5　技术咨询、顾问

12141　技术咨询合同　河北省 2017 版

12140　技术服务合同　河北省 2017 版

9166　技术服务合同　科技部 2001 版

9171　技术咨询合同　通用填空版　科技部 2001 版

22.5.6　财务 / 税务咨询、顾问

提供企业财务、税务方面的咨询顾问，一般按固定标准收费；非投资、融资居间服务。

未包括：代理记账会计财务类文本（76 页）、借款贷款居间类文本（97 页）、股权融资居间类文本（97 页）、项目融资 / 特殊投融资居间类文本（98 页）

13863　日常税务风险管理服务合同

13600　税务测算服务合同

10153　募资财务顾问合作协议

10255　电影拍摄独家财务顾问协议

823　常年财务顾问合同

22.5.7　投融资咨询

提供企业财务、税务方面的咨询顾问，一般按固定标准收费。

未包括：融资顾问加居间服务（收取佣金）类文本（97 页）

1787　咨询顾问业务合作协议　投融资顾问服务

13617　私募投资咨询服务合同　按年度固定收费

2105　咨询服务协议　为投资方服务

22.5.8　行业 / 产业 / 市场调查研究、信息服务

未包括：房地产项目研究咨询类文本（157 页）

872　市场调查服务合同

14209　行业数据信息咨询合同

7794　行业信息服务合同　按期限

22.5.9　年度咨询顾问

典型的、按年度提供服务并收费的咨询顾问模式；与其他类别存在一定交叉。

未包括：年度法律顾问类文本（86 页）

7735　常年知识产权顾问合同

22.5.10　其他专项事务咨询、顾问

7401　关于赴全国中小企业股份转让系统挂牌专项财经公关顾问协议书

7666　撰写商业计划书委托合作合同

10316　节约用水措施方案设计编制委托合同

10699　电影电视剧评估服务合同

14161　房地产行业品牌与战略研发委托合同

12516　PPP 项目咨询服务合同

9390　文案服务协议

22.5.11　个人提供顾问服务、兼职顾问

双方不构成劳动关系。

相关文本：个人兼职劳务类文本（119 页）

11056　个人顾问聘请合同　非劳动关系

22.5.12 向个人、家庭提供的咨询、顾问服务

未包括：家政服务类文本（68 页）

22.5.12.1 留学、教育

12253 自费出国留学中介服务合同 教育部 2016 版
692 高考志愿填报咨询服务合同
818 自费出国留学咨询服务合同 未录取指定学校退费
819 美国自费出国留学咨询服务合同 按录取学校档次加收费用

22.5.12.2 婚介

13282 婚姻介绍服务合同 天津市 2008 版

22.5.12.3 其他咨询顾问

限于面向个人、家庭提供的服务。

7141 出国定居咨询服务合同
1887 家庭理财信息咨询合同

22.5.13 广告营销类咨询策划

服务方提供市场营销方面的咨询、策划服务（可能含部分设计、定制），并收取服务费用（一般为非提成模式）。

未包括：产品服务居间推广类文本（98 页）、房地产招商运营推广类文本（162 页）、活动承揽服务类文本（86 页）

22.5.13.1 整体营销服务（按工作量计费）

14468 广告全案代理合同 整体服务 按各单价

22.5.13.2 整体营销服务（固定费用）

1188 品牌广告服务整合合同 项目服务
7916 整体广告推广委托合同 按月收费
1061 营销顾问协议 简洁版

22.5.13.3 特定项目整体策划

997 旅游景区项目全案策划推广合同 全案 多种服务 多种收费
7756 国际高尔夫俱乐部项目总顾问合同
10789 电影片宣传策划服务合同 固定费用

22.5.13.4 企业形象、公关咨询服务

12892 企业形象优化公关服务协议书
14476 企业形象服务合同

22.5.13.5 网络营销咨询顾问

未包括：网络广告类文本（234 页）、网络平台代运营类文本（78 页）
3062 新媒体宣传服务合同 全面服务 固定费用
7767 社会化媒体营销服务合同 类似广告咨询类服务 固定费用

22.6 委托律师服务

22.6.1 诉讼类业务

22.6.1.1 一般代理

5297 委托代理合同 附委托人须知仲裁或诉讼
11987 委托代理 / 辩护协议 司法部 2013 版
12040 北京市律师服务收费合同必备条款 北京市 2010 版
10828 委托代理协议 离婚诉讼 详细版

22.6.1.2 风险代理

5296 风险委托代理合同 代理强制执行
10532 民事诉讼委托代理协议 风险代理

22.6.2 非诉讼业务

22.6.2.1 常年法律顾问

5437 常年法律顾问服务合同 一般通用版
5348 法律顾问服务合同 计时收费
5300 常年法律顾问合同 劳动法
7153 家庭法律顾问服务合同
830 政府常年法律顾问合同
5347 律师费计时收费补充合同

22.6.2.2 专项法律事务

1203 非诉讼专项法律事务委托合同 通用版
7579 股票公开发行与上市法律业务委托合同
4079 非诉讼法律事务委托合同 劳动法业务
8497 股权激励计划专项法律顾问聘请合同
7790 法律论证咨询服务合同
7791 房产律师陪购卡合同

22.6.3 变更、解除委托等

未包括：变更撤销委托（提交法院）类文本（280 页）
9849 律师执业机构变更补充协议
10923 补充协议 律师费用变更
5278 解除委托协议 律师事务所与客户

22.7 会展、活动承揽服务

未包括：场馆租赁类文本（51 页）、邀请演出 / 参与活动类文本（210 页）

22.7.1 活动策划承办

包括活动承包执行。“仅提供活动策划咨询”参考咨询服务类文本。

未包括：演出活动承办类文本（210 页）、赛事承办类文本（212 页）

12634 活动承办服务合同

14614 展会、会议、服务合同

10330 活动承办合同

22.7.3 展会 / 舞台布展、施工等

未包括：建设工程分包工程类文本（169 页）、安装工程机电工程类文本（171 页）

889 展位施工合同

710 博物馆布展工程合同

13930 商场舞台声光制作安装合同

22.7.4 展会 / 舞台设计

未包括：建设工程设计类文本（157 页）、一般设计类文本（79 页）

875 展览展示设计合同

22.8 保管仓储

未包括：仓储加配送服务类文本（200 页）、保险柜 / 保管箱租赁类文本（54 页）

22.8.1 一般保管

8978 保管合同 详细版

4775 保管单 保管合同极简版

4826 北京市保管合同 北京市 2001 版

22.8.2 特定物品保管

1043 车辆保管协议书

7140 宠物寄养合同

1110 银行卡保管合同

1100 生产设备保管合同

22.8.3　无偿保管

1033　无偿保管合同　不定期

22.8.4　一般仓储

11859　北京市仓储合同　北京市 2001 版

1048　仓储保管合同　通用版

22.8.5　粮食仓储、储备

1094　粮食仓储合同

1040　国家救灾备荒种子储备合同

22.8.6　特定仓储

12223　仓储服务合作协议　为电商平台提供仓储服务

8986　钢材仓储保管合同

22.8.7　质押物仓储

1074　仓储监管协议　适用于动产质押　动态质押授信

1072　仓储监管协议　适用于静态质押监管业务

22.9　培训教育

一般为收费、非学历教育培训服务。

未包括：单位对员工的培训服务期协议类文本（117 页）、公共教育类文本（221 页）

22.9.1　向个人、家庭提供服务

22.9.1.1　一般通用

13722　教育培训合同　详细版　杭州市 2018 版

13720　教育培训合同　简洁版　杭州市 2018 版

13721　杭州市职业技能培训合同　杭州市 2018 版

1381　学员入学注册合同

1380 学员注册登记表 附学员入学合同

22.9.1.2 家教、课外辅导

799 家教服务合同 个人之间

8827 安全责任合同 辅导机构与家长

3607 课外辅导协议

7553 夏令营合同

11806 武汉市教育培训服务合同 武汉市 2011 版

22.9.1.3 驾校培训、陪练

10950 机动车驾驶培训服务合同 上海市 2017 版

12252 机动车驾驶培训先学后付 计时收费模式服务合同 交通运输部 2016 版

11721 机动车驾驶培训合同 浙江省 2013 版

5367 四川省机动车驾驶员培训合同 四川省 2012 版

7175 汽车陪练合同

22.9.1.4 幼儿教育、托儿所

1112 幼儿托管班托管合同

12814 幼儿入园协议 幼儿园与家长

3499 特殊体质责任自负协议 家长与学校

3362 幼儿园安全合同

22.9.1.5 考试服务

7552 司法考试培训班过关合同

7540 考研服务合同

22.9.1.6 其他培训

12893 境内外游学 夏冬令营及培训课程参团协议

7176 商务瑜伽合同

14155 补贴培训协议 上海市版

1971 专业技术培训协议 保证就业

7534　软件工程师培训合同

22.9.2　向单位提供培训服务

22.9.2.1　拓展培训

2557　委托拓展培训合同

7160　培训合同　内训

9344　拓展培训服务合同　详细版

22.9.2.3　其他专项培训（非学校教育）

84　培训服务合同　公开课

123　培训服务协议　内训

7530　出国培训服务合同

22.9.2.4　委托培养、定向培养

相关文本：公共教育中的定向委托培养类文本（222 页）

10853　用人单位与学校定制培养合作全套文本

9686　定制培养合作协议

22.10　其他消费、服务

22.10.1　餐饮、酒店

餐饮酒店行业提供服务相关文本。

未包括：委托经营（含餐饮酒店委托经营）类文本（77 页）

22.10.1.1　一般餐饮服务

11088　餐饮预订合同　海南省 2014 版

12032　订餐服务合同　武汉市 2013 版

12067　宴席服务合同　徐州市 2014 版

430　酒席、宴会订单确认单

22.10.1.2　签单、统一结算等协议

一般为餐饮企业与单位或消费方对消费签单、结算等事宜作出约定。

9585　餐饮签单挂账合同
3495　单位员工就餐协议　单位与餐厅
4625　餐饮会员充值卡使用协议
4613　餐饮企业签单用餐合同
9589　餐饮优惠合同　授权签单

22.10.1.3　接待、会议服务

“活动承办（可能含接待服务）”参考活动承揽类文本（86 页）
未包括：场地租赁类文本（50 页）

4332　酒店会务、餐饮服务、框架合同
7778　会议服务（订房、订餐、场地）合同

22.10.2　充值、预付费类服务

5307　江苏省美容美发健身行业预付费式消费合同　江苏省 2012 版
4678　北京市休闲健身行业预付费服务交易合同　北京市 2011 版
4946　上海市美发美容、沐浴行业预付费消费卡买卖合同　上海市 2011 版
12031　美容美发预付费服务合同　天津市 2011 版

22.10.3　会员协议

一般为消费类会员服务。

12532　绘本馆 VIP 会员协议
10229　高尔夫球会年度会籍协议
7174　汽车俱乐部会员服务协议书

22.10.4　会员章程

会员服务的章程，一般作为协议附件。

未包括：有限公司章程类文本（5 页）、股份公司章程类文本（9 页）、合伙企业章程类文本（23 页）、其他特殊主体章程类文本（24 页）

10575 保管箱租赁业务章程
7825 国际大酒店会员卡章程
10816 商务俱乐部会员章程与使用手册

· 微信扫码——搜合同——输入编号
· 打开网址 www.fatianshi.cn/D 编号

中介、居间推广、行纪

包括"对产品、服务提供推广服务取得佣金"的居间推广服务类文本。
未包括：保险代理经纪类文本（184 页）、证券经纪类文本（187 页）

- 房地产中介 / 经纪 / 094
  - 租赁、买卖通用
  - 房屋租赁中介
    - 三方协议
    - 为出租方服务（居间中介模式）
    - 为出租方服务（代理出租、转租模式）
    - 为出租方服务（托管模式）
    - 为承租方服务
    - 租房、出租通用
  - 房地产买卖中介
    - 三方协议
    - 买房、售房通用
    - 售房居间（为出售方服务）
    - 买房居间（为买房方服务）
  - 房产中介交易配套文本
    - 确认交易、确认佣金
    - 催收、催告
  - 房产经纪人（非劳动关系）
- 中介居间（单项事务）/ 097
  - 一般通用居间（单项事务）
  - 工程项目居间
  - 借款贷款居间
  - 股权融资居间
  - 投资居间
  - 项目融资、特殊投融资居间
  - 特定事务居间（单项事务）
- 产品服务居间推广 / 098
  - 一般通用
  - 广告招商（居间）
  - 赞助招商
  - 展览招商
  - APP、软件线下推广
  - 招生代理
  - 基金委托销售
  - 基金推广居间
  - 民间金融推广
  - 特定产品推广
  - 特定项目推广
  - 对个人推广、包装
  - 虚拟产品推广、代销
- 行纪（寄售、代销）/101
  - 一般通用
  - 特定物品、场景

23.1　房地产中介 / 经纪

未包括：房产租赁（无中介）类文本（48 页）、二手房买卖（无中介）类文本（31 页）、一手房买卖类文本（159 页）、房地产招商运营推广（含代理招租、代理销售）类文本（162 页）

23.1.1　租赁、买卖通用

需要选择具体服务内容。

11885　房屋委托合同　四川省 2007 版

888　看房中介合同

23.1.2　房屋租赁中介

未包括：房地产租赁（无中介）类文本（48 页）、房地产项目代理招商招租类文本（162 页）

23.1.2.1　三方协议

13862　江苏省房屋租赁居间合同　江苏省 2017 版

4587　北京市房屋租赁合同　经纪机构代理成交版　北京市 2008 版

12971　南京市房屋租赁合同　经纪机构版　南京市 2017 版

7155　房屋租赁居间合同

8345　预定租房合同　定金合同

23.1.2.2　为出租方服务（居间中介模式）

12418　房地产经纪服务合同　房屋出租　天津市 2011 版

4740　北京市房屋出租居间合同　北京市 2008 版

6135　房屋出租居间合同

23.1.2.3　为出租方服务（代理出租、转租模式）

受托方有权直接与实际承租人签约或转租。

13689　北京市房屋出租委托代理合同　北京市 2008 版

6845　房产委托出租合同

23.1.2.4 为出租方服务（托管模式）

14380 公寓托管合同 保底租金加分成
10075 度假酒店 房屋委托租赁协议 分时度假模式

23.1.2.5 为承租方服务

中介公司与承租方签约，为承租方提供服务并收取费用。

12417 房地产经纪服务合同 房屋承租 天津市 2011 版
12979 房屋承租中介合同 南京市 2009 版
9500 房屋租赁居间服务合同 服务承租方 个人居间
6948 房屋中介合同 为承租方服务 有看房费

23.1.2.6 租房、出租通用

13723 佛山市房屋租赁经纪服务合同 佛山市 2018 版
11313 房地产经纪服务合同 房屋租赁 广东省 2014 版

23.1.3 房地产买卖中介

未包括：二手房买卖（无中介）类文本（31 页）、房地产项目代理房产销售类文本（162 页）

23.1.3.1 三方协议

卖方、买方、中介方三方共同签署，包括房屋买卖的内容。
未包括：二手房买卖（无中介）类文本（31 页）

5155 山东省二手房买卖合同 经纪成交版 山东省 2015 版
13861 江苏省存量房买卖居间合同 江苏省 2017 版
371 房屋买卖居间合同
13274 房屋买卖确认书 房产中介交易
13300 房屋买卖合同解约协议 有中介 三方协议

23.1.3.2 买房、售房通用

11288 房地产经纪服务合同 房屋买卖 广东省 2014 版

23.1.3.3 售房居间（为出售方服务）

13745 北京市存量房屋出售经纪服务合同 北京市 2018 版
13833 江西省房地产（出卖）经纪服务合同 江苏省 2017 版
2037 房屋出售居间合同 差价作为佣金
4322 独家代理售房合同 中介

23.1.3.4 买房居间（为买房方服务）

13746 北京市存量房屋承购经纪服务合同 北京市 2018 版
13834 江苏省房地产（买受）经纪服务合同 江苏省 2017 版
9498 二手房居间服务合同 个人居间 简单版
13265 买受方带看确认协议 二手房带看书
6196 购房委托合同 简单填空版

23.1.4 房产中介交易配套文本

23.1.4.1 确认交易、确认佣金

10688 客户看房确认单（带看书） 房屋中介 三个版本
13203 推荐客户确认书
13204 佣金确认书 佣金收据

23.1.4.4 催收、催告

13296 签约催告函 中介公司给客户
13297 催款函 催收中介服务费

23.1.5 房产经纪人（非劳动关系）

房地产经纪公司与房产经纪人建立代理关系。

未包括：劳动合同类文本（114 页）、证券经纪人（非劳动关系）类文本（188 页）、保险个人代理（非劳动关系）类文本（184 页）

3324 经纪人合作合同 房地产中介公司与中介人员

23.2 中介居间（单项事务）

中介服务方主要是向委托方提供订立合同的机会，一般是针对某一单次、具体事务提供服务。不含房产中介。

未包括：产品服务居间推广类文本（98 页）、职业介绍类文本（73 页）、留学教育服务类文本（84 页）

23.2.1 一般通用居间（单项事务）

232　居间合同　通用版

4808　北京市居间合同　北京市 2001 版

23.2.2 工程项目居间

一般是向工程项目承包方提供承揽项目的机会，不含房产中介。

136　项目居间合同

23.2.3 借款贷款居间

借款、贷款类债权性融资的居间服务，一般按融资金额的一定比例获得佣金。

未包括：基金推广居间类文本（99 页）

12047　融资顾问服务合同

370　借款居间合同

23.2.4 股权融资居间

包括股权融资在内的融资居间服务。一般为按融资金额的一定比例获得佣金。

6920　项目融资服务协议　详细版

605　融资财务顾问协议

23.2.5 投资居间

为投资方提供服务，投资方支付居间费用。

11488　投资咨询协议　为投资方服务

2104　投资顾问协议　为投资方服务

23.2.6　项目融资、特殊投融资居间

7455　互联网金融股权众筹服务协议

14068　融资居间合同

9339　项目融资网络众筹服务协议

10709　影视剧摄制居间合同

23.2.7　特定事务居间（单项事务）

针对单项具体事务，不是针对产品与服务的推广服务或合作。

14067　矿业权交易居间合同

3557　收藏品买卖中介合同　简单版

9546　地产项目收购居间合同

2019　影视摄制居间合同

23.3　产品服务居间推广

中介方为委托方的产品、服务、项目进行推广，并取得费用（一般为提成、佣金或计件模式）。中介方不直接销售或与用户签约。该业务一般为长期的而非一次性的。不含房产中介。

未包括：广告营销展览赞助类文本（231 页）、代理经销（经销方直接销售）类文本（40 页）、单项事务居间类文本（97 页）、房地产招商运营推广类文本（162 页）、活动承办（含营销活动承办收取承办费用）类文本（86 页）

23.3.1　一般通用

135　推广合作合同　个人推广

2018　合作推广合同　一般通用

23.3.2　广告招商（居间）

代理商提供居间服务以获得佣金。不适用于广告代理（代理方直接与客户签约收款）。

未包括：广告代理类文本（231 页）

10757　影片贴片广告招商委托合同

10702　影视剧植入广告招商委托合同

10703　电影植入广告招商委托合同

23.3.3　赞助招商

服务方为委托方拉来赞助，以取得佣金。

14685　体育赛事商业开发经纪合同

23.3.4　展览招商

服务方为展览举办方拉来客户，以取得佣金。

7092　招商招展代理合同

23.3.5　APP、软件线下推广

线下方式推广 APP 或软件，并取得佣金。不适用于网络广告推广（包括按效果付费的推广）。

未包括：网络广告网络推广类文本（234 页）

271　委托推广 APP 协议

23.3.6　招生代理

342　招生代理协议书

23.3.7　基金委托销售

委托有资质的基金销售机构销售基金。

14469　私募基金代理销售服务协议

23.3.8　基金推广居间

个人或公司推荐基金（但不得代理销售），并获得佣金。

12522　基金募资顾问服务协议　个人顾问

8911　私募股权基金居间合作协议　个人或公司

23.3.9　民间金融推广

3946　居间合作合同　互联网金融平台委托发展会员

3584　互联网金融平台与经纪服务机构合作协议　有筹备期

3585　互联网金融平台与经纪服务机构合作协议　正式期间

23.3.10　特定产品推广

主要是实物类商品。

3417　返利合作协议　装修或设计公司与材料供应商

13539　医院科研制剂配送推广合作协议

14050　煤炭销售中介合同

23.3.11　特定项目推广

989　节能项目推广与服务合作协议

10152　分布式光伏发电项目合作委托开发协议

11422　二维码支付业务推广合同

7660　股权众筹服务协议

23.3.13　对个人推广、包装

未包括：行经（寄售、代销）类文本（101 页）

3402　展销合作协议　甲方展销乙方作品

12529　画廊与画家合作协议

476　编剧推广合作协议

969　包装画家合作协议

23.3.14　虚拟产品推广、代销

由于虚拟产品的特点，一般由代理方直接向用户收款，然后代理方与委托方分成或支付佣金。不同于按点击量、下载量付费的网络广告模式。

未包括：网络广告网络推广类文本（234 页）

13716　网络课程推广合作合同　比例分成

14694　手机充值业务代理协议

7354　手机话费充值合作协议

23.4 行纪（寄售、代销）

多数为特定物品（尤其是二手物品）的、非长期的代销。双方不构成买卖关系。

未包括：商品经销代理类文本（40 页）、超市与供应商（含代销模式）类文本（45 页）

23.4.1 一般通用

2072 行纪合同 详细

12024 北京市买卖行纪合同 北京市 2001 版

4840 北京市行纪合同 通用填空版 北京市 2001 版

23.4.2 特定物品、场景

4366 中国福利彩票代销合同 民政部 2012 版

12436 农作物种子代销合同 云南省 2018 版

4783 北京市二手车行纪销售合同 北京市 2008 版

11181 二手车委托出售合同 江西省 2010 版

3560 闲置物品寄售合同

知识产权

商标权、专利权、著作权、商业秘密、专有技术等相关文本，包括保密协议类文本。
未包括：特许经营类文本（134 页）、影视剧素材创作许可类文本（203 页）

- 商标 / 103
  - 商标许可
  - 商标转让
  - 商标代理、相关服务
- 著作权（版权）/ 103
  - 版权转让
    - 一般通用
    - 文字作品版权转让
    - 音乐版权转让
    - 美术作品、设计类版权转让
    - 视频作品版权转让
    - 软件著作权转让
  - 版权许可
    - 一般许可
    - 纸质书许可出版
      - 一般出版
      - 翻译出版
      - 自费出版
      - 约稿
    - 其他形式文字作品许可（非出版）
    - 数据库、资料许可使用
    - 音乐作品许可
    - 肖像权许可、模特服务
    - 图片、摄影作品许可
    - 影视、动漫作品许可（衍生品）
    - 其他授权、许可
    - 电子书、文字作品网络发布
    - 艺术品许可复制
    - 视频作品许可
  - 委托创作
    - 委托翻译
    - 文字作品委托创作
    - 音乐作品委托创作
    - 美术作品创作
    - 课件开发制作
    - 雕塑、其他艺术品、作品创作
  - 合作创作
  - 版权相关服务
- 专利权 / 109
  - 专利权、专利申请权转让
  - 专利许可
  - 专利合作开发
  - 专利代理、相关服务
- 专有技术 / 109
  - 技术许可
  - 技术转让
  - 技术开发

◎ 委托技术开发
◎ 合作技术开发

● 保密（商务合作中）/ 110

○ 一般通用保密 /NDA（单方保密）
○ 一般保密 /NDA（双方互相保密）
○ 保密承诺函（单方）
○ 尽职调查保密
○ 常见交易保密
○ 特定事务保密

● 知识产权共享 / 112

● 知识产权保护 / 112

24.1 商标

未包括：商标质押类文本（129 页）、特许经营类文本（134 页）

24.1.1 商标许可

1367 注册商标许可使用合同 通用版
13776 商标授权使用 作为企业字号协议 附授权使用证明
5246 黑龙江省绿色食品商标使用许可合同 黑龙江省 2016 版

24.1.2 商标转让

1384 注册商标转让合同
2684 商标权转让合同 简单版

24.1.4 商标代理、相关服务

未包括：商标设计类文本（80 页）、商标质押类文本（129 页）、委托律师服务类文本（85 页）

13854 江苏省商标委托代理合同 江苏省 2018 版
5274 商标注册申请代理合同 重庆市 2013 版
3426 驰名商标认定委托代理合同 商评委争议程序

24.2 著作权（版权）

未包括：著作权质押类文本（129 页）

24.2.1 版权转让

转让后，除人身权外，原著作权人一般不再享有转让出去的权利。

24.2.1.1 一般通用

12538 著作权转让合同 通用版

24.2.1.2 文字作品版权转让

4391 文学作品版权转让合同
8950 文学作品影视版权转让协议 公司之间

24.2.1.3 音乐版权转让

11263 歌曲版权转让合同 简单版
2769 版权转让协议 音乐作品

24.2.1.4 美术作品、设计类版权转让

12110 摄影作品著作权转让合同
11270 画稿作品著作权转让合同
2776 版权转让合同 包装设计

24.2.1.5 视频作品版权转让

未包括：影视剧发行许可放映类文本（208 页）
13163 视频版权转让合同 上海市 2018 版

24.2.1.6 软件著作权转让

未包括：软件销售许可类文本（194 页）
6624 计算机软件著作权转让合同

24.2.2 版权许可

著作权人许可他人使用。

相关文本：软件销售许可类文本（194 页）、影视剧发行许可放映类文本（208 页）、影视素材创作许可类文本（203 页）

24.2.2.1 一般许可

14515 作品许可使用合同
12113 知识共享许可协议 署名 – 非商业性使用 – 相同方式共享 by–nc–sa
12114 知识共享许可协议 署名 – 非商业性使用 by–nc
12115 知识共享许可协议 署名 – 禁止演绎 by–nd
12116 知识共享许可协议 署名 – 相同方式共享 by–sa
12117 知识共享许可协议 署名 by
12112 知识共享许可协议 署名 – 非商业使用 – 禁止演绎 by–nc–nd

24.2.2.2 纸质书许可出版

24.2.2.2.1 一般出版

6916 图书出版合同

24.2.2.2.2 翻译出版

1723 翻译版权许可合同 许可出版社
5473 文学作品翻译合同 授权给个人

24.2.2.2.3 自费出版

7646 图书自费出版合同

24.2.2.2.4 约稿

4387 特约专栏作家合作合同
1734 图书约稿合同

24.2.2.3 其他形式文字作品许可（非出版）

未包括：影视剧本版权许可类文本（203 页）
4407 文学作品授权改编合同
10284 非独家网络信息传播权合同
7364 教育课件授权使用合同
4411 新闻信息相互转载合同

13611　数字作品授权书　授权网络平台

1392　文字作品许可使用合同

24.2.2.4　数据库、资料许可使用

6569　非公开性地质资料使用许可合同

1274　信息内容授权合同

7650　国家基础地理信息数据使用许可合同

24.2.2.5　音乐作品许可

参考：影视剧音乐歌曲创作演唱类文本（204 页）

12855　音乐　手机彩铃网络传播与下载许可合同

10283　歌曲演唱授权合同

14112　演唱会录像与音像出版合同

14111　音像出版合同　音乐作品

5761　音乐著作权许可使用合同

24.2.2.6　肖像权许可、模特服务

未包括：广告代言类文本（234 页）

10266　模特摄影及肖像权使用协议

10518　个人肖像授权书　多种使用

3419　肖像权免费许可使用合同　简单通用版

10520　肖像权使用授权书　企业形象宣传片

3620　访谈对象许可协议　肖像权　声音权

5728　剧照肖像许可使用合同

24.2.2.7　图片、摄影作品许可

未包括：设计制作类文本（79 页）、广告代言类文本（234 页）、影视剧发行许可放映类文本（208 页）

12111　摄影作品授权书　CC 协议版本

2755　图片授权使用　许可使用合同

24.2.2.8　影视、动漫作品许可（衍生品）

未包括：影视剧发行许可发行类文本（208 页）

12858　动漫作品卡通形象使用许可合同

14513　游戏动漫衍生产品开发授权许可合同

13591　影视剧衍生产品开发授权许可合同　详细版

24.2.2.9　其他授权、许可

未包括：广告代言类文本（234 页）

4386　人物传记撰写许可合同

4382　独家新闻采访与报道合同

1742　电视剧本素材使用许可合同　许可使用人生经历

5782　影视饰演许可使用合同

8445　个人信息收集　使用同意书

24.2.2.10　电子书、文字作品网络发布

13612　网络内容平台许可发布协议　文档作品

1820　数字版权签约作者协议

12839　非独家网络信息传播权许可协议　漫画、动画等

24.2.2.11　艺术品许可复制

14089　艺术品授权复制许可合同

24.2.2.12　视频作品许可

未包括：影视剧发行许可放映类文本（208 页）、演出发行转播类文本（210 页）、赛事转播类文本（212 页）

13164　视频版权许可合同　上海市 2018 版

9732　著作权内容授权及使用合作协议　视听节目网络传播

24.2.3　委托创作

具有相当著作权价值的文学、艺术作品等委托创作，委托方取得著作权以衍生利用是重要目的（不同于一般委托设计、广告设计）。包括委托参与创作。

未包括：设计服务（含广告设计）类文本（79 页）

24.2.3.1 委托翻译

受托方提供著作权价值较高的翻译作品，委托方取得翻译作品的著作权。

未包括：提供翻译等劳务服务类文本（74 页）

113 委托翻译合同 影视台词翻译

24.2.3.2 文字作品委托创作

未包括：委托创作影视剧本类文本（203 页）

5472 文学艺术作品委托创作合同

24.2.3.3 音乐作品委托创作

包括委托表演、创作等。

未包括：影视剧音乐歌曲创作演唱类文本（204 页）

7668 企业歌曲委托制作协议

14528 歌曲演唱录制委托协议

24.2.3.4 美术作品创作

11282 漫画委托创作合同

24.2.3.5 课件开发制作

9090 网络课程开发制作项目合同

24.2.3.6 雕塑、其他艺术品、作品创作

11278 雕塑设计制作合同 设计制作安装

6915 委托作品合同

24.2.4 合作创作

各方合作创作，著作权以一定方式共有。

4395 文学艺术作品合作创作合同

11286 合作创作作品合同 简单填空版

24.2.5 版权相关服务

1730 版权登记委托代理合同

24.3 专利权

未包括：专利权质押类文本（129 页）

24.3.1 专利权、专利申请权转让

9122 专利转让合同

2745 专利申请权转让合同

24.3.2 专利许可

13413 专利实施许可合同 北京市 2009 版

10815 专利许可合同 详细版

24.3.3 专利合作开发

7878 专利合作开发合同

24.3.4 专利代理、相关服务

未包括：委托律师服务类文本（85 页）

3600 专利服务合同 专利代理委托

24.4 专有技术

未包括：技术咨询顾问类文本（82 页）

24.4.1 技术许可

一般出让方仍保留原技术的一定使用权利及知识产权。

2794 技术实施许可合同 技术许可

24.4.2　技术转让

一般出让方不再保留原技术的使用权及相关知识产权。

未包括：专利权（专利申请权）转让类文本（109 页）、技术咨询顾问类文本（82 页）

6365　专有技术、技术秘密转让合同　详细版

9173　技术转让（技术秘密）合同　科技部 2001 版

24.4.4　技术开发

一般性质的技术开发。

24.4.4.1　委托技术开发

一般性质的委托技术开发。

未包括：模具开发类文本（62 页）、委托开发软件网站类文本（193 页）、技术咨询顾问类文本（82 页）

9176　技术开发（委托）合同　科技部 2001 版

862　委托开发合同　详细通用版

24.4.4.2　合作技术开发

双方合作开发某项技术，约定知识产权归属。

未包括：技术咨询顾问类文本（82 页）、合作类文本（139 页）

9177　技术开发合作合同　科技部 2001 版

9056　技术合作开发合同

24.5　保密（商务合作中）

单位对外合作、交易过程中，要求一方或彼此要求承担保密义务。

未包括：保密协议单位（与员工）类文本（116 页）、企业内部保密制度（125 页）

24.5.1　一般通用保密 /NDA（单方保密）

4714　保密协议　服务方承担保密义务　通用版

8485　项目合作保密协议　有利于资料接收方

8484　项目合作保密协议　有利于资料提供方

379　保密协议　融资尽调

7380　上市挂牌项目保密协议　法律顾问

24.5.2　一般保密 /NDA（双方互相保密）

119　保密协议　NDA　互相承担保密义务

24.5.3　保密承诺函（单方）

单方签署承诺保密的文件。

4553　保密承诺书　服务方提交

4554　保密承诺书　项目参与人员签署

24.5.4　尽职调查保密

8469　尽职调查保密合同　并购方与目标公司

8475　关于参与法律尽职调查项目之保密协议　律师事务所与参与尽职调查项目成员

24.5.5　常见交易保密

7398　新三板挂牌上市项目保密协议　证券公司

6547　保密及排他性合同　矿权交易谈判

14062　保密及排他性协议　适用于矿权交易双方

24.5.6　特定事务保密

特定场景、特殊情形中的保密协议，不含一般尽职调查、融资上市、法律服务等常见场景中的保密协议。

7180　影视剧本等信息保密合同

10615　编剧保密协议　详细

5734　文字作品保密协议

1441　考试命题保密协议

3421　保密协议　参与考试工作

4160　保密合同　委托加工时

1461　设计保密协议

3420　测绘成果使用保密协议

9949　档案数字化加工保密合同

24.6　知识产权共享

7738　知识产权共享合同

24.7　知识产权保护

承租方、供货商、参展商等向管理方（主办方）承诺不得有侵犯知识产权的产品（服务、项目），否则管理方可相应处理。

11906　北京市大型商业零售经营单位知识产权保护合同　承租商专用　北京市2010版

11907　北京市大型商业零售经营单位知识产权保护合同　供货商联营商专用　北京市2010版

4733　北京市展会知识产权保护合同　北京市2009版

· 微信扫码——搜合同——输入编号
· 打开网址 www.fatianshi.cn/D 编号

劳动用工

单位内部劳动用工相关文本。特别包括：实习、退休返聘、兼职劳务等非劳动关系用工类文本。

未包括：用人单位与学校之间的定向培养就业协议类文本（222 页）、招聘求职服务类文本（73 页）、影视剧组劳务聘用类文本（206 页）

- 劳动合同（含人事聘用合同）/ 114
  - 一般通用
  - 特殊行业劳动合同
  - 特殊岗位劳动合同
  - 人事聘用合同（事业单位）
  - 劳动合同补充配套文本
    - 劳动合同变更、续签
    - 劳动合同签订 / 续签辅助文件
    - 岗位职责、附件、补充协议等
- 专项用工协议及相关文本 / 116
  - 保密（用人单位与员工）
  - 竞业限制（竞业禁止）
  - 培训（服务期）
  - 其他服务期协议
  - 安全、授权、保管等
  - 经营责任、内部承包（劳动关系）
  - 用工特殊状态
  - 知识产权
- 特殊用工形式合同 / 118
  - 学生实习
  - 非全日制用工
  - 退休返聘
  - 兼职、劳务（非劳动关系）
  - 董事监事相关协议
  - 人员借调
  - 特殊主体雇佣（非劳动关系）
  - 公务员聘任
- 集体合同 / 120
  - 一般集体合同
  - 专项、区域集体合同
  - 集体协商配套文本
- 劳务派遣 / 121
  - 劳务派遣协议
    - 一般行业劳务派遣
    - 特殊行业劳务派遣
  - 劳动合同（劳务派遣）
  - 用工合同（用工单位与派遣员工）
    - 退回用工
    - 劳务派遣变更
    - 协商解除
    - 劳务派遣配套文本
- 其他人力资源管理工具类 / 122
  - 入职

- 考勤、请假
- 离职（解除、终止劳动关系）
  - 协商解除
  - 单位解除
  - 员工解除
  - 离职配套文件
- 工伤赔偿、补偿、和解
- 工资、报销
- 调岗调薪
- 试用期
- 医疗期

- 规章制度 / 124
  - 招聘、岗位、劳动合同
  - 员工手册、规章制度汇编
  - 奖惩制度、劳动纪律
  - 薪酬、考勤、考核
  - 保密制度
  - 规章制度相关文本

25.1 劳动合同（含人事聘用合同）

用人单位与劳动者建立劳动关系，约定劳动合同期限、薪酬、岗位等内容。

未包括：劳动合同（劳务派遣）类文本（121 页）

25.1.1 一般通用

284 劳动合同 规范版

288 劳动合同 简单版

9031 北京市劳动合同书 无固定期限 北京市 2007 版

9035 北京市劳动合同 固定期限 北京市 2007 版

7855 北京市劳动合同书 北京市 2007 版

4396 甘肃省劳动合同 甘肃省 2010 版

14143 劳动合同 简单表格版 北海市 2018 版

25.1.2 特殊行业劳动合同

未包括：劳动合同（劳务派遣）类文本（121 页）

11943 中国银行业从业人员劳动合同 银行协会 2009 版

9040 安徽省建筑业简易劳动合同 安徽省 2009 版

9041 安徽省采掘业简易劳动合同 安徽省 2009 版

9039　安徽省餐饮业简易劳动合同　安徽省 2009 版
4400　娱乐餐饮行业劳动合同书　广西壮族自治区 2010 版
4457　采掘行业劳动合同书　采掘行业　广西壮族自治区 2010 版
9028　北京市劳动合同　适用于本市房屋建筑与市政基础设施领域建筑施工企业　北京市 2007 版
13797　劳动合同　出租汽车行业　重庆市 2012 版
8921　劳动合同　餐饮行业
14063　矿山井下行业劳动合同

25.1.3　特殊岗位劳动合同

相关文本：运动员雇佣类文本（213 页）
9029　北京市劳动合同　适用于员工制家政服务企业家政服务员　北京市 2007 版
11936　旅行社导游人员劳动合同书　海南省 2014 版
4377　农民工合同范本　安徽省 2010 版
5035　劳动合同　飞行员
2994　总经理聘用合同
9460　企业高管聘用协议
7632　董事会秘书聘任合同　劳动合同
10633　门卫劳动合同

25.1.4　人事聘用合同（事业单位）

事业单位与其工作人员建立聘用关系。不适用于非事业单位或非人事聘用关系。
4358　事业单位聘用合同　人事部 2005 版

25.1.5　劳动合同补充配套文本

主要涉及劳动合同变更、延期、续签、岗位责任、试用期等方面。
未包括：专项用工协议（保密 / 竞业限制 / 服务期等）类文本（116 页）

25.1.5.1　劳动合同变更、续签

用人单位与劳动者续签劳动合同或变更劳动合同。
9678　劳动合同续订或变更书　表格式

286　劳动合同续订或变更书　文本式
4143　劳动合同变更书
4309　劳动合同变更　补充协议
4302　劳动合同主体变更协议
3666　劳动合同顺延通知

25.1.5.2　劳动合同签订 / 续签辅助文件

7084　签订、续签、补签劳动合同通知书　附终止劳动合同通知
4637　劳动合同续签通知书
8535　劳动合同到期续订劳动合同意向书
1884　要求签订无固定期限劳动合同的通知　员工通知单位

25.1.5.3　岗位职责、附件、补充协议等

用人单位与劳动者就岗位职责、薪酬、绩效考核、工作年限等作出补充约定。注意不能代替劳动合同。

未包括：专项用工协议（保密 / 竞业限制 / 服务期等）及相关文本（116 页）

327　职务说明书
4669　目标责任书
7349　补充协议　用人单位与员工确认工作年限承继
303　岗位聘用与考核合同
6491　岗位补充合同

25.2　专项用工协议及相关文本

用人单位与员工就具体某一方面的权利义务作出约定，双方一般属于劳动关系。

25.2.1　保密（用人单位与员工）

未包括：单位内部保密制度类文本（125 页）、商务合作中的保密类文本（110 页）

301　保密协议
4631　知识产权与保密协议
1679　员工保密与知识产权承诺书

5426 保密义务通知 单位通知离职员工

25.2.2 竞业限制（竞业禁止）

用人单位与员工约定，员工离职后不得从事与本单位相竞争的业务。仅适用于单位与员工之间的竞业限制。

未包括：股东竞业限制类文本（15 页）

290 竞业限制协议 竞业禁止

4676 保密与竞业限制协议

10359 竞业限制 竞业禁止协议 简单版

4592 履行竞业限制义务通知

4304 取消 终止竞业限制义务通知

25.2.3 培训（服务期）

276 员工培训服务期协议

9072 入职前培训合同 不建立劳动关系

25.2.4 其他服务期协议

一般为单位向员工提供特定待遇，同时约定服务期。

4574 附服务期的奖金 补贴协议

14686 长期服务津贴协议

4661 借款协议书 单位向员工提供借款

213 借款协议 单位借款给员工买房

25.2.5 安全、授权、保管等

用人单位与员工就公司财产领用、保管、使用、授权等作出约定。

7350 器材使用及保管协议 单位与员工签署

13378 固定资产领用保管承诺书 单项资产

3649 员工住宿管理合同

13383 员工使用公司车辆协议 免费使用

1776 授权合同 单位授权员工

5430 安全生产合同 单位与员工

1961　单位部门消防安全责任书

25.2.6　经营责任、内部承包（劳动关系）

用人单位与员工在不改变劳动关系的前提下，对经营责任承包作出约定。

未包括：建筑施工内部承包类文本（177 页）、承包经营类文本（136 页）

530　出租车承包经营合同

9392　厨房承包合同

25.2.7　用工特殊状态

劳动关系下出现了某种特殊状态（中止、内退、离岗、外派、借调等），用人单位与员工约定特殊状态下双方权利义务。

4314　劳动关系中止协议书

5044　内退　内部退养　内部退休协议

9063　员工待岗协议

9343　员工停薪留职合同　通用版

6335　停薪留职合同　国企

8297　员工离岗休养协议

5043　员工借调、借用协议　附员工同意声明

6855　员工短期外派合同

25.2.9　知识产权

用人单位与员工就知识产权方面事务作出约定。

7871　职务发明创造奖励合同

9754　知识产权归属协议

25.3　特殊用工形式合同

一般不构成全日制劳动关系。

未包括：影视剧组劳务聘用类文本（206 页）、家政服务类文本（68 页）

25.3.1 学生实习

全日制学生在单位实习，双方不构成劳动关系。

270 实习协议

2757 实习学生声明

612 协商解除实习协议书

25.3.2 非全日制用工

用人单位雇佣非全日制用工，每天工作不超过四小时，每周工作时间累计不超过二十四小时。

274 非全日制用工合同

9038 北京市劳动合同 非全日制从业人员使用 北京市 2007 版

25.3.3 退休返聘

用人单位雇佣已经办理退休手续或已经超过退休年龄的人员。

268 聘用合同 退休返聘

4247 高龄用工劳务协议

25.3.4 兼职、劳务（非劳动关系）

个人为单位或组织提供劳务，双方不构成劳动关系，提供劳务一方必须相对自由。实务中存在一定风险。

相关文本：个人提供咨询顾问类文本（83 页）

未包括：影视剧组劳务聘用类文本（206 页）、家政服务类文本（68 页）

4605 劳务合同 个人提供劳务

11935 海南省导游人员劳务合同书 海南省 2014 版

25.3.5 董事监事相关协议

4956 监事聘任合同

4951 董事聘任合同

25.3.6 人员借调

用人单位不变，安排员工到另一单位工作。

相关文本：劳务外包类文本（64 页）、劳务派遣类文本（121 页）

5043　员工借调　借用协议　附员工同意声明

25.3.7　特殊主体雇佣（非劳动关系）

居委会、村委会、筹备组、公司清算组等不能作为《劳动合同法》规定的用人单位的主体雇佣人员，不建立劳动关系。

5045　清算组雇佣合同

5046　村委会、居委会雇佣合同　劳务合同

1509　筹备组劳务合同

25.3.8　公务员聘任

未包括：人事聘用（事业单位）类文本（115 页）

14769　深圳市行政机关聘任制公务员聘任合同书

25.4　集体合同

25.4.1　一般集体合同

4461　深圳市集体劳动合同　深圳市 2010 版

9022　海南省集体合同　海南省 2010 版

9004　广东省企业集体合同　广东省 2015 版

25.4.2　专项、区域集体合同

11942　企业工资集体合同　西藏自治区 2014 版

11940　企业工资集体合同　南京市 2011 版

4460　女职工权益保护专项集体合同　江西省 2010 版

9025　北京市区域性集体合同　北京市 2008 版

6553　矿山企业安全专项集体合同

25.4.3　集体协商配套文本

8685　集体协商要约书　回应书

8681　集体协商首席代表委托书　企业方和职工方

8680 职工集体协商代表聘任书

25.5 劳务派遣

未包括：人员借调类文本（119 页）、劳务外包类文本（64 页）、建设工程劳务分包类文本（169 页）

25.5.1 劳务派遣协议

劳务派遣单位与用工单位签署，就派遣事宜作出约定。

25.5.1.1 一般行业劳务派遣

5921 劳务派遣合同
9778 劳务派遣协议 对派遣单位有利 北京版
4609 劳务派遣补充合同 劳务派遣单位与用工单位
11234 劳务派遣补充协议 三方
12234 劳务派遣协议 青岛市 2013 版

25.5.1.2 特殊行业劳务派遣

4362 家政服务合同 商务部 2014 版
12164 家政服务合同 派遣制 江苏省 2016 版
9478 保安公司劳务派遣合同

25.5.2 劳动合同（劳务派遣）

劳务派遣单位与派遣员工签订。

9033 北京市劳动合同书 劳务派遣 北京市 2007 版
4595 劳动合同续订或变更书 劳务派遣
5875 劳动合同书 劳务派遣

25.5.3 用工合同（用工单位与派遣员工）

用工单位与派遣员工签订。

4604 用工合同 用工单位与劳务派遣员工

25.5.4 退回用工

退回派遣员工，但不解除与劳务派遣单位的劳动关系。

9696 劳务派遣退回协议 三方签署

4306 劳务派遣员工退回待岗通知书

4308 劳务派遣员工上岗通知

25.5.5 劳务派遣变更

变更劳务派遣单位，或转为正式用工。

8614 劳动关系调整协议 劳务派遣转正式用工

13086 劳务派遣调整协议 变更劳务派遣单位

25.5.6 协商解除

协商解除劳务派遣。

4663 协商解除劳动关系协议 劳务派遣三方

1927 协商解除劳务派遣 劳动关系协议 两方 两版本

25.5.7 劳务派遣配套文本

9738 派遣员工加入工会协议 四方协议

8236 劳务派遣调整用工方案

4599 劳务派遣员工手册

25.6 其他人力资源管理工具类

以各类通知、表单为主，含少量、简单的协议。

25.6.1 入职

未包括：劳动合同类文本（114 页）

40 员工登记表 入职登记表

10514 个人诚信保证书

9879 拟录用协议

25.6.2 考勤、请假

4709 加班申请单 加班审批单
318 催告上班通知 返岗通知

25.6.4 离职（解除、终止劳动关系）

25.6.4.1 协商解除

4662 协商解除劳动合同协议 简单版
349 协商解除劳动合同协议 详细版

25.6.4.2 单位解除

9106 解除劳动合同通知书 正式合同期间企业的单方解除
2609 解除劳动合同公告 旷工
6590 公司劳动合同终止通知书
9736 解除劳动合同理由告知书 用人单位告知工会
4312 工会意见 同意解除员工劳动关系
2009 经济性裁员 企业裁员报告 全套材料
4892 客观情况重大变化解除劳动合同操作文本 全套

25.6.4.3 员工解除

314 员工离职声明
13920 自动离职通知书
4854 解除劳动关系通知书 员工通知单位被迫解除
4713 员工辞职信模板

25.6.4.4 离职配套文件

9776 公司员工离职发给客户的告知函 通用版
316 终止（解除）劳动合同证明书 离职证明
482 员工离职交接清单
4909 经济补偿金计算表格与说明

25.6.5 工伤赔偿、补偿、和解

3312 职工非工伤死亡补偿合同

282 一次性工伤赔偿协议书

25.6.6 工资、报销

3230 员工声明 单位开具收入证明 两种格式

329 工资确认单 工资单

2990 还款承诺函 员工向公司还款

4650 确认单 年休假 加班费结清

331 工资单 本人签字版

25.6.7 调岗调薪

10791 工作调整通知 岗位薪酬调整 文本式

66 调岗调薪通知书 岗位调整 表格式

25.6.8 试用期

未包括：劳动合同类文本（114 页）

7805 试用期录用条件确认函

4705 试用期考核员工自评表

25.6.10 医疗期

4653 员工医疗期满通知

4723 医疗期合同

25.7 规章制度

单位内部劳动用工类制度。

25.7.1 招聘、岗位、劳动合同

12295 劳动合同管理制度

12294 员工招聘管理制度

25.7.2 员工手册、规章制度汇编

2651 员工手册 中小企业通用版

12243 青岛市企业劳动规章制度 青岛市 2014 版

14397 员工商业行为准则 详细版

25.7.3 奖惩制度、劳动纪律

8669 员工奖惩条例

25.7.4 薪酬、考勤、考核

未包括：股权激励类文本（19 页）

11229 绩效考核管理制度 通用版

3726 公司加班管理制度

4602 公司考勤管理制度 通用版 北京市 2016 版

25.7.5 保密制度

限于企业内部保密制度。

未包括：保密协议（与员工之间）类文本（116 页）、保密（商务合作）类文本（110 页）

356 公司保密制度 通用版

1463 薪酬保密制度

25.7.7 规章制度相关文本

规章制度征求意见、民主协商以及员工同意执行的相关文本。

2788 重大事项向全体职工征求意见的通知

2792 规章制度征求意见表

2618 会议签到表 民主协商会议

5504 工会沟通函 同意实施规章制度

335 民主协商会议记录

346 员工手册（规章制度） 确认函

13605 证券从业人员合规执业承诺书

4627 廉洁自律承诺书 廉洁 反商业贿赂 避免利益冲突行为准则

5812 员工保证书

担　保

保证、质押、抵押、定金、留置等各种担保方式。
未包括：担保物权纠纷法律文书类文本（249 页）

- 保证类 / 127
  - 保证服务、委托保证
    - 工程类委托保证
    - 其他委托保证
  - 保证合同（保证人与债权人两方）
    - 一般情形
    - 最高额保证
  - 保证合同（保证人、债务人、债权人三方）
    - 一般情形
    - 最高额保证
  - 保函、担保书
    - 一般情形
    - 银行保函
    - 特殊用途保函
    - 工程保函
- 质押类 / 129
  - 专利权质押
  - 商标质押
  - 版权质押（含软件著作权）
  - 股权质押
  - 车辆质押
  - 动产质押
  - 有价证券、存单、仓单质押
  - 收费权、应收账款质押
  - 通用质押类
- 抵押类 / 130
  - 通用抵押（配套文本）
  - 通用抵押（合同类文本）
  - 不动产抵押
  - 车辆抵押
  - 动产抵押
  - 最高额抵押
- 定金 / 132
- 保证金、押金 / 132
- 留置 / 132

26.1 保证类

26.1.1 保证服务、委托保证

保证服务方（保证人）向委托方（被保证人）提供保证服务，双方对保证服务事宜进行约定。未包括保证合同或保函类文本。

26.1.1.1 工程类委托保证

4446 总承包商付款（分包）委托保证合同 住建部 2005 版
4453 总承包商付款（供货）委托保证合同 住建部 2005 版
4540 投标委托保证合同（保证人与被保证人签署） 住建部 2005 版
4441 业主支付委托保证合同 住建部 2005 版
4380 承包商履约委托保证合同 住建部 2005 版

26.1.1.2 其他委托保证

1206 委托担保合同 通用版
10916 保证担保协议 用于发行企业债债券
9991 诉讼保全担保服务合同

26.1.2 保证合同（保证人与债权人两方）

26.1.2.1 一般情形

9475 保证合同 详细版
2743 保证合同 简单通用版

26.1.2.2 最高额保证

保证责任范围有最高额限制。

14024 最高额保证合同 公司保证人
14027 最高额保证合同 自然人保证人

26.1.3 保证合同（保证人、债务人、债权人三方）

26.1.3.1 一般情形

9109 保证合同 三方

6114 保证合同 三方 简单版

26.1.3.2 最高额保证

保证责任范围有最高额限制。

9451 最高额担保合同 面料购销

26.1.4 保函、担保书

26.1.4.1 一般情形

10825 保证函 担保函 公司出具 简单通用版

2747 保证函 担保函 个人出具 简单通用版

13428 夫妻双方无限连带责任保证承诺书 两种版本

26.1.4.2 银行保函

6571 光大银行保函 六种格式

26.1.4.3 特殊用途保函

12826 反担保函 两种格式

8098 借款合同担保书 保证人向银行出具

11055 担保函 发行企业债债券

3494 借款担保函 保证人向银行出具

11057 担保股东决定 发行企业债债券

26.1.4.4 工程保函

12391 投标保函 试行 四川省 2009 版

12395 总承包商付款（分包）保函 试行 四川省 2009 版

12397 总承包商付款（供货）保函 试行 四川省 2009 版

12392 业主支付保函 试行 四川省 2009 版

26.2 质押类

相关文本：质押物仓储保管类文本（88 页）

26.2.1 专利权质押

13621 专利权质押合同

12833 专利权质押注销协议

26.2.2 商标质押

3658 商标权质押合同 通用版

3657 商标质押登记全套文本

26.2.3 版权质押（含软件著作权）

10390 软件著作权质押合同

4175 影视作品版权质押合同

26.2.4 股权质押

9785 股权质押合同

10369 股权质押合同成套文本

26.2.5 车辆质押

转移占有，无须登记。

未包括：车辆抵押类文本（131 页）

6892 汽车质押借款合同 质押加借款

10589 机动车质押合同

26.2.6 动产质押

转移占有的质押，不含车辆质押。

未包括：动产抵押（不转移占有）类文本（131 页）

6907 动产质押担保合同

26.2.7 有价证券、存单、仓单质押

10228 仓单质押协议

9372 股票质押合同 强制执行公证

10561 私募基金质押贷款合同 个人

26.2.8 收费权、应收账款质押

10997 收费权质押合同 燃气类

9411 应收账款质押合同

1731 公路收费权质押合同

1729 经营权质押合同 商铺经营权

13840 学校收费权质押协议

26.2.9 通用质押类

需要进一步在协议中明确质押物类型与性质。

13191 最高额质押合同 适用于质押人为单位时签署

13189 质押担保合同 适用公司类客户

26.3 抵押类

未包括：担保物权纠纷法律文书类文本（249 页）、探矿权抵押类文本（214 页）、采矿权抵押类文本（215 页）

26.3.1 通用抵押（配套文本）

抵押手续中的一些配套文书，不含抵押合同。

13672 声明书 单身 抵押材料属实

13665 抵押物承租人声明 放弃优先购买权 配合抵押

13675 房产未出租声明 向抵押权人出具

13670 抵押房屋共有人声明与承诺书

13674 第二居所承诺书 抵押配套

26.3.2 通用抵押（合同类文本）

需要进一步在协议中明确抵押物类型与性质。

13184 抵押合同 适用公司作为抵押人的情况

13186 个人抵押担保合同 适用个人类客户

13590 房产、车辆、股权、证券、权益等各类抵押物清单 七个版本 担保合同附件

26.3.3 不动产抵押

4877 房产抵押借款合同

128 房产抵押合同 通用详细版

13755 房地产预告抵押合同

2892 房产抵押合同及抵押登记全套文本

3506 国有土地使用权抵押合同

10619 在建工程抵押合同

9618 厂房抵押合同

7717 林权抵押合同

1681 个人住房贷款抵押合同

26.3.4 车辆抵押

抵押需要登记，不转移占有。

未包括：车辆质押（转移占有）类文本（129 页）

10381 机动车 （车辆）抵押成套文本

26.3.6 动产抵押

不转移占有的抵押，不含车辆、船舶抵押。

未包括：动产质押（转移占有）类文本（129 页）

2872 动产抵押全套文本

8219 动产浮动抵押合同

2878 动产最高额抵押合同

26.3.7　最高额抵押

13593　最高额抵押合同　详细版　用于强制执行公证
13676　主债权及不动产最高额抵押合同　简单版　用于登记

26.6　定金

未包括：租赁定金类文本（55 页）

10385　通用定金收据
6906　定金合同　简单通用版
8969　二手房买卖定金合同
9502　车辆买卖定金合同
8968　装修设计定金合同

26.7　保证金、押金

未包括含有保证金、押金条款的一般合同文本。

3352　公司总承包下属参建劳务或专业分包工程保证金合同
4825　北京市市场场地租赁保证金合同　北京市 2002 版

26.8　留置

6118　留置担保合同
6662　财产留置通知书
6667　财产留置异议书

民间借贷 / 借款

企业之间、个人之间、企业与个人之间借款相关文本，出借方并非银行或经营贷款业务机构。

相关文本：民间金融（小额贷款）类文本（182 页）
未包括：担保类文本（126 页）

● 一般借款 / 133 | ● 特殊情形借款 / 133

27.1 一般借款

8919 借款合同 企业作为借款人
8925 借款合同 个人作为借款人
6514 民间借贷三方合同 简单版 含保证人
102 借条 有利息 有还款时间
101 借条 无利息 无还款时间

27.2 特殊情形借款

13143 借款协议 子女向父母借款
4661 借款协议书 单位向员工提供借款
213 借款协议 单位借款给员工买房

特许经营（许可加盟）

特许人给予受许可人商业经营特许权，包括人员训练、组织结构、经营管理方面服务，不仅限于商标许可；受许可人一般要支付加盟费。

未包括：商标许可类文本（103 页）、公用事业特许经营类文本（225 页）

相关文本：代理经销类文本（40 页）、委托经营管理类文本（77 页）

- 一般通用 / 134
- 餐饮 / 134
- 销售、零售 / 134
- 快递物流 / 135
- 培训教育 / 135
- 其他业务 / 135

28.1　一般通用

4904　上海市商业特许经营合同　上海市 2013 版

28.2　餐饮

12940　西式快餐行业特许经营合同

7829　餐饮特许经营　区域代理合同

28.3　销售、零售

3639　母婴品牌特许加盟合同

12939　图书音像零售行业特许经营合同

11861　农资加盟连锁合同　江苏省 2016 版

1099　便利店　连锁店委托经营管理合同

28.4 快递物流

4512 快递行业特许经营（加盟）合同 邮政局 2011 版

28.5 培训教育

13789 幼儿园授权加盟合同 学费比例提取品牌使用费

13788 幼儿园特许加盟合同 一次性付费

343 培训机构加盟合同 提供教材与品牌

28.6 其他业务

14620 酒店特许经营合同

12941 洗衣行业特许经营合同

12936 汽车美容养护行业特许合同

9687 商业特许经营合同 汽车服务

7942 美发加盟店特许经营合同

承包经营

经营主体名义不改变，交由另一方承包经营、管理，承包方向发包方支付费用，或双方约定利益分配方式。注意不包括向承包方（承揽方）支付费用的承包（实为承揽）类文本，不包括委托另一方经营管理并向受托方支付管理费用的委托经营管理类文本，包括企业租赁经营类文本。

未包括：承揽劳务服务类文本（57 页）、建设工程（含总包、分包、内部承包等）类文本（166 页）、委托经营管理类文本（77 页）、租赁类文本（47 页）、农业林业承包经营类文本（227 页）、内部承包（劳动关系）类文本（118 页）

- 企业整体承包经营、租赁经营 / 136
  - 全民所有制企业承包经营、租赁经营
  - 其他企业承包经营、租赁经营
- 分支机构承包经营 / 137
- 内部承包、业务承包（非员工）/ 137
- 资源承包经营（以承包方名义经营）/ 137
- 内部生产环节承包（为发包方供货服务）/ 138

29.1 企业整体承包经营、租赁经营

将企业整体承包（租赁）给股东、其他个人、单位经营，一般是以发包方企业名义对外经营。承包方（租赁方）支付费用或利益分成。

未包括：整体委托经营类文本（77 页）

29.1.1 全民所有制企业承包经营、租赁经营

《全民所有制小型工业企业租赁经营暂行条例》《全民所有制工业企业承包经营责任制暂行条例》对全民所有制企业的承包经营、租赁经营有规定。

此类文本在实务中已经极少使用，不适用于一般企业承包经营，仅供参考。

10577　企业租赁经营合同

10108　企业招标承包经营合同

29.1.2　其他企业承包经营、租赁经营

企业（机构）整体上交由另一方承包经营。法律并未一般性禁止此类作法，但如构成政府许可资质出租、出借使用则为违法。租赁经营一般为固定租金模式。

998　　学校承包经营合同

7062　　企业承包经营合同　通用版

29.2　分支机构承包经营

企业（机构）注册的分支机构（有营业执照）交由另一方承包经营。

未包括：委托经营管理（委托方支付费用）类文本（77 页）

1001　　酒店足浴中心承包经营合同

416　　店铺承包经营合同

3442　　分公司承包经营协议　装修公司

900　　培训承包合同

29.3　内部承包、业务承包（非员工）

企业（机构）内部的某块业务、资产、资源交由另一方承包经营，承包方以发包方名义经营，缴纳费用或利润分成。如涉及出租、出借资质，则涉嫌违法无效（如医院科室承包等）。

未包括：建设工程内部承包类文本（177 页）、内部承包（劳动关系）类文本（118 页）

974　　宾馆客房部承包经营合同　固定承包金

419　　内部承包经营合同　店面内部

3613　　保健服务项目承包合同

29.5　资源承包经营（以承包方名义经营）

发包方将某方面资源、设备许可给承包方使用，承包方以自己的名义经营，并向发包方支付费用或分成。发包方往往对承包方有一定的管理、要求，不同于单纯

的场地、设备出租。包括体育场馆承包经营。

以商标许可、经营指导为主应参考：特许经营类文本（134 页）

未包括：房产租赁类文本（48 页）、各类场地租赁类文本（50 页）、物资设备租赁类文本（52 页）、农业林业承包经营类文本（227 页）

6552　厂区幼儿园承包合同

7787　寺庙经营权承包合同

7934　学校小卖部承包合同

14502　体育场馆运营合同

12548　天气预报电视栏目承包经营合同

29.6　内部生产环节承包（为发包方供货服务）

发包方将某方面资源、设备许可给承包方使用，承包方为发包方服务或生产。发包方与承包方约定费用结算方式。

参考类别：部分业务资产委托经营类文本（78 页）

未包括：一般承揽劳务服务类文本（57 页）

14060　选矿厂承包合同

14043　采矿权承包合同

4615　学校食堂承包合同

合 作

以“各方共同投入、共享利益”为典型。建议优先考虑在其他类别中查找合适文本。

未包括：出资协议（合资开设公司）类文本（3 页）、合伙协议（设立合伙企业）类文本（22 页）、房地产合作开发类文本（155 页）、影视剧合作拍摄类文本（203 页）、代理经销类文本（40 页）、产品服务居间推广类文本（98 页）

- 战略合作框架协议 / 139
  - 一般框架协议
  - 框架协议（媒体宣传为主）
- 经营性合作 / 140
  - 联营
  - 一般通用合作经营

30.1 战略合作框架协议

一般缺少具体权利义务，不涉及具体的费用价款或利益分配（但不绝对），仅为合作的初步意向或初步约定。进行具体项目时，一般应另行签署合同。

30.1.2 一般框架协议

一般缺少具体权利义务，不涉及具体的费用价款或利益分配（但不绝对），仅为合作的初步意向或初步约定。进行具体项目时，一般应另行签署合同。

13771 联盟成立暨战略合作协议

582 战略合作协议 通用版

30.1.3 框架协议（媒体宣传为主）

合作主要体现在网络、媒体等渠道互相宣传，且不涉及费用支付。

881 战略合作框架合同 网站宣传

9661 传媒公司战略合作合同

30.2 经营性合作

未包括：出资协议（合资开设公司）类文本（3 页）、合伙协议（设立合伙企业）类文本（22 页）、房地产合作开发类文本（155 页）、影视剧合作拍摄类文本（203 页）

30.2.1 联营

联营方式目前已经缺少法律依据，容易导致争议，联营各方可能对外承担连带责任，不宜使用。可尽量参考使用其他各类法律关系文本。

1466 企业合伙联营框架合同

30.2.2 一般通用合作经营

双方共同投入、共享收益，但未设立新公司。

此种情况下法律关系不明，应尽量参考使用其他各类法律关系文本。

相关文本：出资协议（合资开设公司）类文本（3 页）、合伙协议（设立合伙企业）类文本（22 页）

10145 商业项目合作经营协议

赠　与

包括公益性捐助、一般赠与、资助等，包括附条件赠与。
未包括：遗赠抚养类文本（145 页）、股权赠与（股权激励）类文本（20 页）

- 一般赠与（非公益）/ 141
  - 一般通用
  - 房产（不动产）赠与
  - 车辆赠与
  - 股票、股权赠与
- 公益捐助 / 142
  - 捐赠财物
  - 捐建学校
- 机构资助、项目资助（非公益）/ 142

31.1　一般赠与（非公益）

31.1.1　一般通用

4989　赠与合同　上海市 2000 版
6899　动产赠与合同　详细版

31.1.2　房产（不动产）赠与

970　不动产赠与合同　通用版

31.1.3　车辆赠与

986　车辆赠与合同

31.1.4　股票、股权赠与

未包括：股权赠与（股权激励目的）类文本（20 页）
1007　股权赠与协议

31.2 公益捐助

31.2.1 捐赠财物

942 捐赠合同 通用版

7304 奖学金赠与合同

5275 四川省公益事业捐赠合同 四川省 2016 版

31.2.2 捐建学校

994 公益小学捐建协议

31.3 机构资助、项目资助（非公益）

7098 项目资助合同

婚姻家庭

未包括婚姻家庭继承类诉讼文书。

- 夫妻协议类 / 143
  - 夫妻财产约定（婚前 / 婚后）
  - 离婚协议
  - 其他协议
- 同居 / 未婚协议 / 144
- 收养相关文本 / 144
- 继承类 / 144
  - 遗嘱、遗赠
  - 遗赠抚养
  - 遗产分配
- 财产分割、分家析产 / 145
- 赡养 / 145
- 其他家庭相关文本 / 145

32.1 夫妻协议类

32.1.1 夫妻财产约定（婚前 / 婚后）

含婚前财产约定与婚后财产约定（协议）。

397 夫妻婚前财产约定 通用详细版

8471 夫妻婚后财产约定 简单通用版

398 夫妻婚姻财产约定 分别财产制

400 夫妻财产约定 针对房产

32.1.2 离婚协议

注意如果未实际办理离婚登记，则离婚协议不能生效。如果不确定离婚，但又希望对财产作出约定，可使用夫妻婚后财产协议对财产归属做出约定。

395 离婚协议书 通用详细版

1674 离婚协议 通用简单版

1696 离婚协议书 无子女无共同财产

32.1.3 其他协议

1700 夫妻分居 / 试离婚协议
7731 变更子女扶养权协议
94 夫妻忠诚协议

32.2 同居 / 未婚协议

6866 同居财产约定
6978 非婚生子女抚养协议
13148 解除同居关系 / 分手协议 有子女

32.3 收养相关文本

6689 外国人收养中国人子女收养合同
6686 送养收养合同 生父母与养父母之间
6690 解除收养关系三方合同
10400 收养协议 福利机构与收养人签署

32.4 继承类

32.4.1 遗嘱、遗赠

14306 遗嘱 万能版
98 自书遗嘱 简单通用版
8818 代书遗嘱 通用详细版
14317 接受遗赠声明

32.4.2 遗赠扶养

1783 遗赠扶养协议 简单版
6573 遗赠扶养协议 详细版

32.4.3 遗产分配

96 遗产分割协议 遗产分配
8416 协议放弃继承房产协议
5526 继承声明书 遗嘱继承
5460 继承声明书 法定继承
5455 放弃继承声明书

32.5 财产分割、分家析产

13212 房屋产权共有协议书
13145 投资协议 夫妻 父母共同投资购房
6931 分家析产合同

32.6 赡养

10407 赡养老人协议 简单版
3315 家庭赡养合同 详细版

32.7 其他家庭相关文本

9270 夫妻共同债务声明

各类法律关系通用配套文本

参考文本：采购 / 买卖配套文本（44 页）、租赁配套文本（55 页）

- 常用合同附件 / 146
  - 廉洁、反贿赂、诚信合作
  - 健康、安全、环境保护（HSE）
  - 常用授权（合同相关）
  - 送达方式、联系方式
- 合同履行、变更延期、解除终止 / 147
  - 交接、验收
  - 合同履行中的通知、催告（非协议）
  - 合同延期、变更、补充
  - 合同解除、终止
- 付款、收款、抵债、抵销 / 148
  - 委托付款
  - 委托收款
  - 结算、付款协议
  - 对账、还款计划、欠条（非协议）
  - 收据、还款证明
  - 抵债、抵销
- 债权债务转让 / 149
- 声明、免责、其他 / 150

33.1　常用合同附件

33.1.1　廉洁、反贿赂、诚信合作

合同关系中，对合作方的反商业贿赂、诚信交易方面的要求。

未包括：员工规章制度类文本（124 页）

13837　广西医疗卫生机构医药产品购销廉洁协议　广西壮族自治区 2017 版

13610　供应商、服务商诚信和公平交易保证书　详细版

8580　诚信经营自律协议　违约责任较重

7286　供应商廉洁自律告知函

33.1.2　健康、安全、环境保护（HSE）

健康、安全、环境保护方面的补充协议或附件。

未包括：租赁安全 / 租赁管理类文本（56 页）

4181　工程项目总承包 HSE　健康安全环境管理合同

5970　工程项目安全生产责任合同

10377　装饰工程安全承诺书

33.1.3　常用授权（合同相关）

未包括：诉讼仲裁授权文本（280 页）

508　合同授权委托书

520　提货、收货授权委托书　两种格式

3550　领款委托书　授权领取保险赔款

33.1.4　送达方式、联系方式

9085　送达地址确认书　给银行

9084　送达地址确认协议

6594　送达地址确认书　合同附件

33.2　合同履行、变更延期、解除终止

33.2.1　交接、验收

未包括：采购 / 买卖配套文本（44 页）、租赁收据交接类文本（55 页）

13859　验收确认书　软件项目　建设工程竣工　一般项目

12800　车辆交接单　两种格式

33.2.2　合同履行中的通知、催告（非协议）

更多律师函文本参考：律师函类文本（275 页）

更多租赁中的催告参考：租赁催告类文本（56 页）

4611　履行合同催告函　要求改正

4700　律师函　催款

33.2.3　合同延期、变更、补充

未包括：劳动合同补充配套文本（115 页）

12122　延期付款协议　变更原合同

1588　合同续签　延期协议　通用版

184　变更、补充合同　通用版

10614　合同主体变更三方协议

33.2.4　合同解除、终止

包括确认合同无效力。

未包括：租赁解除 / 终止类文本（56 页）、解除 / 终止劳动关系类文本（123 页）、律师函类文本（275 页）、和解赔偿类文本（274 页）

4633　通用解除、终止合同协议书　提前解除　终止

13604　合同正常到期终止通知　简单通用版

13369　承诺声明书　确认合同无法律效力

453　解除合同通知书　较通用模板

33.3　付款、收款、抵债、抵销

33.3.1　委托付款

未包括：债权债务转让类文本（149 页）

13663　委托付款三方协议　简单通用版

517　委托付款证明

1253　委托付款通知　附授权委托书

33.3.2　委托收款

518　委托第三方收款证明

1259　委托收款授权书

33.3.3 结算、付款协议

合同各方对结算、欠款金额、付款安排进行确认。

12089 合同 项目 服务结算协议 通用填空版

10064 工程款结算协议

9801 还款协议 有保证人 详细版

3518 分期还款协议 简单通用版

33.3.4 对账、还款计划、欠条（非协议）

对欠款金额、还款安排进行确认。

2740 欠条

9113 还款计划书 两种格式

9449 还款计划书 第三人担保

452 对账函 询证函

33.3.5 收据、还款证明

8129 收款收据

8127 物品收据

10389 还款证明 四种格式

33.3.6 抵债、抵销

8955 房屋抵债协议 两方版

1595 房产抵债协议 三方版

12123 债权债务抵销协议 通用填空版 三方

33.4 债权债务转让

未包括：不良资产转让类文本（240 页）

2758 债权转让协议 三方版

12658 债权转让协议 两方版

3656 债权转让通知 债权人通知债务人

33.5 声明、免责、其他

13367 银行账户 股票 房产 车辆 个体工商户财产代持声明与承诺
3422 户外活动个人安全责任自负声明 附参与者本人声明
11841 网站免责声明
3479 户外活动免责声明 详细版
966 户外广告安装安全协议
11843 健康及意外事故免责声明 参加旅游人员给旅行社
11842 马拉松赛事参赛人员免责声明

特定行业、特定业务

· 微信扫码——搜合同——输入编号
· 打开网址 www.fatianshi.cn/D 编号

房地产开发、运营

房地产项目从取得土地、合作开发、销售运营的全过程，不含建设工程类文本。

- 土地一级开发 / 154
- 土地使用权 / 154
  - 一级市场
    - 土地使用权出让（招拍挂）
    - 政府招商引资
  - 二级市场（含合作开发）
    - 资产转让（土地使用权、在建工程）
    - 房地产项目公司股权收购
    - 联合开发（不新设公司）
    - 联合开发（新设项目公司）
    - 委托代建
    - 房地产项目公司部分股权转让
    - 委托开发
- 拆迁 / 156
  - 拆迁服务
  - 拆迁补偿
- 委托服务（咨询、评估、设计等）/ 157
  - 工程勘察
  - 可行性研究
  - 环境评估
  - 节能评估
  - 工程、房产测绘
  - 工程设计
    - 一般房屋建筑工程
    - 专业建设工程
    - 其他专项、局部设计
    - 装饰装修设计、室内设计
  - 施工图审查
  - 造价、结算咨询
  - 招投标代理服务
  - 工程、项目委托管理
  - 城市规划设计
  - 专项技术、咨询服务
  - 全过程工程咨询
  - 建筑工程检测
- 房屋买卖（一手房）/ 159
  - 认购、预定
  - 一般商品房预售
  - 一般商品房现房销售
  - 特殊房产销售（一手房）
  - 购房补充协议、配套文件
    - 购房补充协议
    - 商品房团购
    - 资金、交割监管
    - 车位赠与租售（一手）
    - 解约、终止
    - 交房办证相关文本

◎ 其他配套文本

● 房地产招商运营推广 / 162

○ 策划推广加招商 / 销售代理
○ 代理招租招商
○ 代理房产销售
○ 策划推广服务
○ 房地产广告、宣传物料制作
○ 委托经营管理
○ 特殊合作方入驻

● 物业管理 / 163

○ 前期物业服务
○ 一般通用或居民区物业
○ 机关物业
○ 商业物业
○ 业主委员会章程、管理规约、议事规则
◎ 临时管理规约
◎ 业主委员会章程
◎ 管理规约
◎ 议事规则
◎ 其他业委会筹备、管理文本
○ 物业相关文本
○ 零散场地管理

40.1　土地一级开发

对土地进行拆迁、拆除、配套设备建设，使土地达到“熟地”条件。

14612　土地一级开发委托协议　委托方支付费用

14613　土地一级开发整理协议　乙方投资

40.2　土地使用权

40.2.1　一级市场

40.2.1.1　土地使用权出让（招拍挂）

12177　国有建设用地使用权出让合同　工商总局 2008 版

40.2.1.3　政府招商引资

政府与拟在当地投资建设的企业间的协议，一般会约定优惠政策与政策支持。

14648　政府招商引资协议书　广州市 2014 版

12132 重大招商引资项目合同 安庆市 2014 版

40.2.2 二级市场（含合作开发）

40.2.2.1 资产转让（土地使用权、在建工程）

未包括：资产收购（可能含土地使用权）类文本（12 页）

14639 在建工程转让合同

11317 国有土地使用权转让合同

40.2.2.2 房地产项目公司股权收购

全部股权收购或取得控制权的大部分股权收购，目的是取得目标公司的土地使用权以开发房地产项目。

10138 房地产项目收购股权转让协议

8789 项目股权转让合同 房地产

14705 房地产项目股权转让协议 有在建工程

40.2.2.3 联合开发（不新设公司）

4323 房地产项目联合开发框架合同

40.2.2.4 联合开发（新设项目公司）

12904 房地产项目合作开发协议

14723 房地产项目合作合同 合作拿地

40.2.2.5 委托代建

业主将建设项目委托代建人代为建设管理整个工程项目，代建人收取管理费，不同于建设工程总包和工程项目委托管理。常用于政府投资项目。

未包括：建设工程总包类文本（168 页）、工程项目委托管理类文本（158 页）

14641 北京市政府投资建设项目委托代建合同

14642 苏州市政府投资建设项目委托代建合同

14643 委托代建合同 住宅小区

40.2.2.6　房地产项目公司部分股权转让

通过股权转让成为房地产项目公司股东，参与房地产项目开发。

14640　房地产项目公司股权转让协议

12046　股权转让暨合作经营协议

14704　房地产项目股权转让框架协议

40.2.2.7　委托开发

业主将房地产项目整体委托有经验的房地产开发企业进行管理，包括建设、营销、品牌输出等内容。受托方获得管理费、报酬、品牌使用费。不限于代建，也不同于工程项目委托管理。

未包括：建设工程总包类文本（168 页）、工程项目委托管理类文本（158 页）

14703　房地产项目开发委托管理合同

40.3　拆迁

40.3.1　拆迁服务

未包括：拆除爆破承包类文本（171 页）

4646　拆迁承包合同

7236　拆迁委托协议书

7365　委托动拆迁　市政配套协议书

40.3.2　拆迁补偿

10993　拆迁补偿安置协议　配合政府部门

11216　坟墓拆迁补偿协议

8268　集体土地征用补偿安置合同

4675　建设工程拆迁房屋合同　城市房屋

40.4 委托服务（咨询、评估、设计等）

40.4.1 工程勘察

4427 建设工程勘察合同 住建部 2016 版

40.4.2 可行性研究

5356 项目可行性研究报告编制合同书
7214 滑雪场规划设计与可行性报告编制服务合同

40.4.3 环境评估

14076 环境影响评价服务合同
11393 开发地块地震安全性评价项目合同
11008 技术咨询合同 环评合同
5128 地震安全性评价技术咨询合同

40.4.4 节能评估

未包括：节能改造类文本（174 页）
847 节能评估标准合同

40.4.5 工程、房产测绘

11276 房地产面积测绘合同 实测 北京市 2003 版
11275 房产面积测绘合同 预测 北京市 2003 版
5801 建筑变形测量及技术咨询合同
14094 土石方场地测绘合同

40.4.6 工程设计

40.4.6.1 一般房屋建筑工程

4413 建设工程设计合同 房屋建筑工程 住建部 2015 版

40.4.6.2 专业建设工程

4417 建设工程设计合同 专业建设工程 住建部 2015 版

40.4.6.3　其他专项、局部设计

1947　消防设计合同

40.4.6.4　装饰装修设计、室内设计

13338　广州市住宅室内装饰装修设计合同　广州市 2012 版
4941　上海市室内设计合同　上海市 2011 版
9727　温泉度假酒店室内精装设计合同
10810　灯光顾问服务合同
8968　装修设计定金合同

40.4.7　施工图审查

12150　湖南省市政基础设施工程施工图审查服务合同　湖南省 2017 版
12149　湖南省房屋建筑工程施工图审查服务合同　湖南省 2017 版
5105　上海市建设工程施工图设计文件审查合同　上海市 2010 版

40.4.8　造价、结算咨询

4397　建设工程造价咨询合同　住建部 2015 版
14147　全过程造价咨询委托合同
14145　结算咨询委托合同

40.4.9　招投标代理服务

未包括：一般招投标代理服务类文本（78 页）
12143　建设工程招标代理合同　住建部 2005 版
4883　建设工程招标代理委托合同　简单版

40.4.10　工程、项目委托管理

业主方将房地产工程施工项目委托第三方机构管理，第三方机构收取管理服务费用。即工程 PM 模式。

未包括：委托代建类文本（155 页）
13904　工程项目委托管理合同　详细版
13918　深圳市建设工程项目管理服务合同　深圳市 2015 版

40.4.11 城市规划设计

5257 黑龙江省城市规划设计合同 黑龙江省 2013 版

40.4.12 专项技术、咨询服务

房地产、建设工程相关技术、咨询服务。

相关文本：一般咨询策划信息服务类文本（81 页）

10310 建设工程施工图消防设计文件技术咨询服务合同

5125 城市规划报建技术咨询服务合同

10314 技术服务合同 水土保持

8250 上海市建筑信息模型技术应用咨询服务合同 上海市 2015 版

40.4.13 全过程工程咨询

13684 建设工程咨询服务合同 征求意见稿 住建部 2018 版

826 房地产项目全程顾问咨询服务合同

40.4.14 建筑工程检测

未包括：一般测量测绘检验类文本（70 页）

9454 工程试验检测委托合同

8862 试验检测技术服务合作合同

40.5 房屋买卖（一手房）

未包括：二手房买卖类文本（31 页）、房地产买卖中介类文本（95 页）

40.5.1 认购、预定

12426 商品房预定协议 天津市 2013 版

12363 商品房认购书 四川省 2009 版

14216 商品房内购协议 未取得销许

14213 商品房认购协议 现售

14226 认购信息确认单

40.5.2　一般商品房预售

14219　商品房买卖合同　预售　住建部 2014 版

4572　北京市商品房预售合同　北京市 2016 版

14219　商品房买卖合同　预售　住建部 2014 版

40.5.3　一般商品房现房销售

14650　商品房买卖合同　现售　住建部 2014 版

11254　北京市商品房现房买卖合同　北京市　2016 版

13774　商品房买卖合同　现售　浙江省 2018 版

5162　山东省新建商品房买卖合同　现售　山东省 2015 版

40.5.4　特殊房产销售（一手房）

11022　共有产权保障住房　经济适用住房出售合同　上海市 2013 版

11016　共有产权保障住房　经济适用住房预售合同　上海市 2013 版

9331　酒店式公寓买卖合同

9329　商用商品房　一手商铺买卖合同

40.5.5　购房补充协议、配套文件

一手房买卖过程中的配套文本。

40.5.5.1　购房补充协议

对主合同的补充、变更，包括面积、付款方式等约定。

14223　商品房买卖补充协议　预售

14224　商品房买卖补充协议　现售

9527　购房赠送露台使用合同

14233　付款方式变更协议

40.5.5.2　商品房团购

未包括：一般商品团购类文本（44 页）

14631　商品房团购合同

40.5.5.3　资金、交割监管

3521　房地产交割监管合同

40.5.5.4　车位赠与租售（一手）

一般是一手房销售时，配套的车位租售。

未包括：二手车位车库转让类文本（31 页）、普通车位租赁类文本（52 页）

1027　车位使用权赠与合同　买房送车位使用权

40.5.5.5　解约、终止

3317　解除商品房买卖合同　三种格式

14228　关于解除认购协议的函告

14235　关于解除商品房买卖合同的通知

14238　催促解约后领取购房款的函

40.5.5.6　交房办证相关文本

3462　提前交房协议

7393　房屋交接验收确认书

14241　交付通知书

14242　延期交付通知书

14243　催促收房通知书

14246　办理不动产权证的通知

14248　自办产权承诺书

40.5.5.7　其他配套文本

5517　购房监护声明

14227　催促签署商品房买卖合同及交纳购房款的通知

14229　关于延期签署商品房买卖合同的申请

14231　关于催交购房款的函告

14232　关于贷款未能办理　补齐购房款的通知

14234　关于催交办理贷款资料的通知

14237　延期支付购房款的申请

40.6 房地产招商运营推广

房地产开发企业对建成的物业进行运营、开发、委托招商等，未包括房地产开发商与房产买受人、承租人之间的租赁、买卖类文本。

未包括：二手房买卖类文本（31页）、房地产买卖中介类文本（95页）、广告营销推广类文本（231页）

40.6.1 策划推广加招商/销售代理

提供房地产项目的推广、宣传、策划类服务，收取服务费，同时还提供招商（招租）或销售代理服务。同时包含这两种服务。

4903 房地产项目策划 销售代理合同 策划加销售代理

3344 商业地产项目策划与招商代理合同 策划加招商代理

40.6.2 代理招租招商

代理房地产一手房（主要是商业地产）租赁、招商入驻。

未包括：房产租赁类文本（48页）、房产租赁中介类文本（94页）

11037 商业地产项目招商策划代理合同

11038 招商咨询服务协议

4320 商业地产招商代理合同

40.6.3 代理房产销售

代理房地产开发商的一手房销售，代理方收取佣金为主。

未包括：二手房买卖类文本（31页）、房地产买卖中介（二手房）类文本（95页）

14249 渠道销售合同 非独家 不驻场

14252 销售代理合同 扣除收楼留存 履约保证金版

14251 销售代理合同 独家代理

4871 项目营销代理合同

40.6.4 策划推广服务

为房地产开发商委托提供房地产项目的推广、宣传、策划类服务，收取服务费。

未包括：一般广告营销推广类文本（231页）

14162 房地产项目全案广告策划合同

4336 房地产项目营销服务合同 简单版

40.6.5 房地产广告、宣传物料制作

用于房地产项目宣传推广的广告、宣传物料制作或劳务承揽。

更多文本可参考：一般广告宣传标识类物料定作类文本（61 页）

未包括：一般广告营销推广类文本（231 页）

14202 项目照片拍摄合同

14187 楼盘效果图承揽合同

14201 IPad 电子楼书制作合同

11004 沙盘模型制作安装协议

14189 销售物料印刷制作委托合同 通用版

14186 沙盘模型承揽合同

14197 三维宣传片制作合同

14190 标识标牌等制作委托合同 通用版

40.6.6 委托经营管理

房地产项目业主委托第三方对整个房产项目进行运营管理。不同于物业管理，不同于个人房产托管。

未包括：一般委托经营委托管理类文本（77 页）、房屋租赁中介（托管模式）类文本（95 页）

11046 委托经营管理框架协议 乙方版

11045 委托经营管理合同 乙方版

40.6.7 特殊合作方入驻

如为场地租赁，可参考：各类场地租赁类文本（50 页）

14610 ATM 场地使用合作协议

40.7 物业管理

40.7.1 前期物业服务

房屋售出之后业主委员会委托物业管理企业之前的物业服务合同。

12146 前期物业服务合同 湖北省 2017 版
14657 前期物业服务合同 上海市 2016 版
11896 武汉市前期物业服务合同 武汉市 2014 版
11487 前期物业服务合同 四川省 2012 版
4734 北京市前期物业服务合同 北京市 2010 版
13261 前期介入服务协议 交房前物业咨询管理
11043 前期物业服务合同 商业地产

40.7.2 一般通用或居民区物业

12964 物业服务合同 湖北省 2017 版
14658 物业服务合同 上海市 2016 版
5336 辽宁省物业服务合同 辽宁省 2011 版
4747 北京市物业服务合同 北京市 2010 版
10813 物业服务合同 详细版

40.7.3 机关物业

4940 上海市党政机关物业管理服务合同 上海市 2012 版
4960 上海市行政机关物业管理服务合同 上海市 2010 版

40.7.4 商业物业

9474 商业广场物业管理合同 物业公司与承租方
11047 商铺物业管理服务合同 物业公司与承租方

40.7.5 业主委员会章程、管理规约、议事规则

40.7.5.1 临时管理规约

业主委员会通过正式管理规约之前，由建设单位制定的临时管理规约。

13370 临时管理规约 上海市 2015 版
13688 临时管理规约 建设单位制定 杭州市 2014 版

40.7.5.2 业主委员会章程

10098 城市住宅区业主管理委员会章程

40.7.5.3 管理规约

13632 管理规约 湖北省 2017 版
13372 住宅小区管理规约 上海市 2015 版
13371 专项维修资金管理规约 上海市 2015 版
13690 物业小区管理规约 杭州市 2014 版
13821 车辆行驶、停放、收费管理制度 杭州市 2014 版

40.7.5.4 议事规则

13639 苏州市业主大会议事规则 苏州市 2018 版
13634 业主委员会工作规则 湖北省 2017 版
13640 南京市住宅区业主大会议事规则 南京市 2017 版
12043 业主大会议事规则 上海市 2015 版
13691 业主大会议事规则 杭州市 2014 版

40.7.5.5 其他业委会筹备、管理文本

13828 业主大会业主委员会工作指导文书 杭州市 2014 版

40.7.6 物业相关文本

与物业相关，但不便纳入其他类别的文本。

11699 住宅专项维修资金授权使用协议书 北京市 2011 版

40.7.7 零散场地管理

场地使用方需向物业管理方缴纳费用。

可参考：承包经营类文本（136 页）、各类场地租赁类文本（50 页）

14710 场地管理合同
14711 废旧物资回收回管理合同
14713 智能设备安装管理合同

建设工程

- 监理 / 167
  - 一般工程监理
  - 特殊工程监理
  - 装修监理
  - 工程环境监理
  - 设备监理
- 建设工程总包 / 168
  - 一般建设工程
  - 市政工程类
  - 公路、铁路工程类
  - 水利水电工程类
  - 小型工程、零星工程
  - 其他工程
- 分包、分项工程 / 169
  - 通用劳务分包
  - 通用专业分包
  - 土方、地基与基础工程
  - 砌体结构工程
  - 混凝土结构工程
  - 钢结构工程
  - 防水工程（外墙、涂料）
  - 房产加固、改造、修缮
  - 景观、园林、绿化施工
  - 道路（非公路）
  - 拆迁、拆除、爆破
- 安装工程、机电工程（含采购加安装施工）/ 171
  - 给排水
  - 热水系统
  - 采暖、地暖工程
  - 燃气工程
  - 通风
  - 空调
  - 电气工程
  - 智能建筑、安防监控
  - 电梯安装施工（不含采购）
  - 电梯采购（可能含安装）
  - 消防工程
  - 通信、网络、有线电视
  - 门窗、部件安装施工
  - 合同能源管理（节能工程）
  - 节能改造、节能服务（固定收费）
  - 通用采购加安装
  - 通用安装服务
  - 人防工程
  - 其他安装工程（采购制作加安装）
- 装饰装修施工 / 175
  - 一般通用
  - 一般室内、家庭装修
  - 商业场所装修
  - 软装、软包

○ 局部、部分项目装修

● 施工配套、补充 / 176

○ 工程质量保修
○ 安全、环保
○ 附件、补充

○ 解除、终止、结算

● 建设施工内部管理 / 177

○ 岗位责任
○ 安全责任
○ 内部承包

41.1 监理

41.1.1 一般工程监理

14139 建设工程监理合同 住建部 2012 版

4872 北京市建设工程监理合同 北京市 2014 版

41.1.2 特殊工程监理

13767 石油工程委托监理合同

5412 水利工程施工监理合同 水利部 2007 版

41.1.3 装修监理

4820 上海市室内装饰工程委托监理合同 上海市 2014 版

7595 家庭居室装饰装修工程监理合同

41.1.4 工程环境监理

14634 建设项目环境监理合同

3266 工程环境监理合同

41.1.5 设备监理

14633 设备监理合同 质检总局 2010 版

41.2 建设工程总包

41.2.1 一般建设工程

10777 建设工程施工合同 住建部 2017 版
12151 建设工程施工合同 湖南省 2014 版
5338 黑龙江省建设工程施工合同 黑龙江省 2012 版
13417 天津市建设工程施工合同 天津市 2017 版

41.2.2 市政工程类

14102 小型市政工程承包合同
5380 市政道路工程施工合同

41.2.3 公路、铁路工程类

9998 铁路建设工程施工合同

41.2.4 水利水电工程类

11744 重庆市水利水电土建工程施工合同 重庆市 2005 版

41.2.6 小型工程、零星工程

文本相对简单，适合小型工程。

部分小型工程可参考使用：分包分项工程类文本（169 页）

10667 小型工程建设工程施工合同
10613 建设工程施工合同 简单版
14636 阳江高新区小型建设工程施工合同 阳江市 2015 版
14635 天津市小型建设工程施工合同 天津市 2001 版
14156 零星工程集中采购合同
14137 零星工程施工合同
5135 自建房施工合同

41.2.7 其他工程

11502 人防工程施工合同 陕西省 2010 版

13900 钻井工程施工合同 日费制 详细版
9316 光伏电站项目总承包合同

41.3 分包、分项工程

41.3.1 通用劳务分包

14136 建设工程施工劳务分包合同 住建部 2003 版
4879 北京市房屋建筑和市政基础设施工程劳务分包合同 北京市 2009 版
13337 广州市房屋建筑和市政基础设施工程 劳务分包合同 广州市 2012 版
5368 黑龙江省建设工程施工劳务分包合同 黑龙江省 2012 版

41.3.2 通用专业分包

需进一步明确具体分包工程的情况。

14637 建设工程施工专业分包合同 住建部 2003 版
5343 黑龙江省建设工程施工专业分包合同 黑龙江省 2012 版
4875 北京市建设工程施工专业分包合同 北京市 2014 版

41.3.3 土方、地基与基础工程

14088 土方工程合同
14090 桩基、护坡、止水帷幕、降水工程合同
5445 工程土方挖运、灰土换填施工合同
6126 基坑支护工程承包合同
4434 综合楼基坑支护施工工程合同
6107 CFG 桩基础施工合同
5604 桩基工程施工合同
14091 工地围挡施工合同

41.3.4 砌体结构工程

6364 砌体工程施工承包合同
6261 砌体单项工程承包施工合同

12327 围墙施工合同

41.3.5 混凝土结构工程

6390 钢筋混凝土现浇工程施工合同

6397 建筑工程混凝土施工合同

41.3.6 钢结构工程

12049 钢结构工程施工合同

6405 钢结构安装合同

6408 工业厂房安装合同

41.3.7 防水工程（外墙、涂料）

6458 DPS 防水层供应施工合同

6506 屋面防水隔热工程施工合同

14117 外墙涂料工程合同

4223 天棚、墙面涂料工程劳务施工合同

41.3.8 房产加固、改造、修缮

6650 房屋修缮合同

7744 地下车库照明改造工程合同

5996 建筑房屋维修施工合同

41.3.9 景观、园林、绿化施工

未包括：绿化养护 / 树木种植类文本（74 页）

5084 上海市园林绿化建设工程施工合同 上海市 2007 版

4786 北京市园林绿化工程施工合同 北京市 2004 版

6666 住宅小区园林绿化工程施工合同

6651 园林景观工程施工合同

6664 园林绿化建设工程施工合同

41.3.10 道路（非公路）

5163 人行步道铺装工程施工合同

8940 乡村道路施工合同

903 道路施工承包合同 包工包料

41.3.11 拆迁、拆除、爆破

仅为工程承包，不包括人员拆迁、补偿相关业务。

未包括：拆迁服务（含人员拆迁）类文本（156 页）

2213 爆破设计施工合同

9597 拆旧工程分包合同

3496 敲墙施工承揽合同

8728 工程爆破服务协议书

7369 拆迁工程施工合同

41.4 安装工程、机电工程（含采购加安装施工）

承包方可能同时供应部分设备材料，项目专业性较强，不同于简单劳务分包。

41.4.1 给排水

8387 广州市供水用水设施连接合同 广州市 2017 版

11336 广州市供水用水设施连接合同 广州市 2015 版

3302 污水管网施工合同

14125 室外雨污水工程分包合同

4228 景观及室外管网工程施工合同 包工包辅材

5398 室外给水及排水市政接口工程分包合同

7039 供水工程合同

4493 给水排水工程施工合同

41.4.2 热水系统

14128 太阳能热水器供货及安装工程合同

14127 真空热水锅炉供货及安装工程合同

4482 太阳能热水系统安装工程施工合同

41.4.3　采暖、地暖工程

4483　地板辐射采暖设计、供应、安装工程施工合同
3074　供热入网合同
4505　室内采暖工程施工合同
3071　地板辐射采暖系统工程　（地暖）合同
4484　地暖施工合同
4930　上海市采暖安装施工合同　上海市 2016 版
4874　北京市民用建筑工程供热计量装置专项合同　北京市 2010 版
4496　供热工程施工合同

41.4.4　燃气工程

7602　天然气管道入户安装合同　天然气公司与开发商
4498　燃气工程安装施工合同
4500　燃气管道工程开发施工合同
4486　给排水 / 消防 / 配电 / 防雷工程劳务分包合同

41.4.5　通风

4660　排风道采购及施工合同
14118　通风工程合同
4526　通风防排烟工程分包施工合同
4525　人防通风工程施工合同
4533　住宅排烟道施工合同
4515　地库通风安装工程施工合同
4523　复合风管系统安装工程合同
4509　车库通风工程施工协议
12843　排气烟道制做安装合同

41.4.6　空调

未包括：一般家用电器（含空调）购买类文本（33 页）
4531　小型中央空调安装工程承包合同

5096　上海市家用中央空调系统安装合同　上海市 2003 版
3011　中央空调采购及安装合同　固定总价

41.4.7　电气工程

14119　泛光照明工程合同
14133　配电箱、弱电箱采购安装合同
14120　电缆下地及箱变移位工程合同
14124　弱电、智能化工程合同
14123　供电工程合同　临电
14122　供电工程合同　正式电
1950　发电机组供应及安装合同
4545　厂内电气安装工程承包合同
7811　冷库设备安装工程承包合同
4581　发电机组采购与机房环保安装工程分包合同
4542　变压器安装工程施工合同
4578　电气自动化安装工程施工合同
5998　安防工程施工合同
8815　公共广播系统工程改造分包合同
10668　太阳能工程供货及安装合同

41.4.8　智能建筑、安防监控

13214　设备安装合同　闭路监控系统
6063　智能化系统建设工程合同

41.4.9　电梯安装施工（不含采购）

仅为电梯施工安装，不含电梯采购。

未包括：电梯维修维护类文本（66 页）

11017　电梯设备安装施工合同
14116　电梯安装合同
8622　电梯设备安装合同　详细版

41.4.10 电梯采购（可能含安装）

电梯采购，供方配合安装，或提供安装服务。

未包括：电梯维修维护类文本（66 页）

14115 电梯供货合同

9268 电梯设备采购安装合同

41.4.11 消防工程

14101 消防工程施工合同

11790 上海市消防工程施工合同 上海市 2009 版

41.4.12 通信、网络、有线电视

5012 上海市新建住宅通信配套合同 上海市 2004 版

14121 通讯配套工程合同

41.4.13 门窗、部件安装施工

未包括：定制门窗（承揽）类文本（62 页）

14113 单元门供货及安装工程合同

14110 入户门供货及安装工程分包合同

14114 防火门供货及安装工程分包合同

14109 门窗供货及安装工程合同

41.4.14 合同能源管理（节能工程）

承包方（服务方）一般是根据节能效益（节能量）的一定比例获取收益。

12133 公共建筑节能改造项目合同能源管理合同 福建省 2016 版

3180 能源管理项目合同

3178 照明节约能源管理合同 EMC

41.4.15 节能改造、节能服务（固定收费）

845 节能服务合同

2631 节电系统工程服务委托合同

41.4.16 通用采购加安装

1956 建设项目设备供应及安装合同
8987 设备购买合同 含安装
10384 设备采购安装合同
14153 材料设备集中采购合同 采购加安装
1957 材料供应及安装 施工合同

41.4.17 通用安装服务

7422 大型设备安装服务协议

41.4.18 人防工程

11069 人防工程防护设备产品销售安装合同 福建省 2014 版
14099 人防工程合同

41.4.19 其他安装工程（采购制作加安装）

承包方应负责提供设备或制作主要设备。

14126 机械停车工程承包合同
12550 索道设备安装工程施工合同
7048 体育设备供货安装合同
3056 厨房设备采购安装合同
14721 儿童游乐设备采购安装合同

41.5 装饰装修施工

41.5.1 一般通用

11799 深圳市小型装饰装修工程施工合同 深圳市 2014 版

41.5.2 一般室内、家庭装修

13843 浙江省家庭居室装饰装修施工合同 浙江省 2018 版
13838 吉林省室内装饰装修工程施工合同 吉林省 2018 版
13418 天津市住宅装饰装修工程施工合同 天津市 2017 版

12081　广州市住宅室内装饰装修工程施工合同　广州市 2014 版
4680　北京市家庭居室装饰装修工程施工合同　北京市 2013 版

41.5.3　商业场所装修

14106　精装修工程施工合同　售楼处　样板间　家装
14103　精装修工程施工合同　大区　公区精装
10753　装修装饰工程施工合同　商业地产类
4868　北京市装饰装修工程施工合同　北京市 2015 版

41.5.4　软装、软包

3173　样板房软包合同
586　软装配饰设计与布置服务合同

41.5.5　局部、部分项目装修

8395　工作室墙绘合同
856　房屋装修承揽合同　仿瓷油漆墙纸业务
13928　商场美陈采购安装合同
6581　大厅吊顶修缮工程施工合同

41.6　施工配套、补充

未包括：各类法律关系通用配套文本（146 页）

41.6.2　工程质量保修

14138　房屋工程建筑质量保修书　住建部 2007 版
5990　房屋建筑工程保修合同书

41.6.3　安全、环保

4181　工程项目总承包 HSE（健康安全环境管理）合同
12092　工程环境保护责任协议　工程总包方与分包方　北京地区

41.6.4 附件、补充

3199 廉政合同 工程项目
7462 建设项目劳动保险金缴纳款项合同
3439 工程量增加补充协议 建筑工程

41.6.6 解除、终止、结算

10611 提前终止工程施工合同协议
13859 验收确认书 软件项目 建设工程竣工 一般项目
7395 清算协议

41.7 建设施工内部管理

41.7.1 岗位责任

6001 职工安全责任合同
13382 建筑公司项目部印章管理办法 附印章保管使用协议
5915 材料员岗位责任成本合同

41.7.2 安全责任

11219 承包商安全管理协议

41.7.3 内部承包

3406 建筑行业分公司目标管理责任书 经营责任协议

金融保险证券期货

- 保理业务 / 179
- 银行业务 / 179
  - 贷款类
    - 购房按揭贷款
    - 个人消费贷款
    - 个人经营贷款
    - 助学贷款
    - 外汇、进出口贷款
    - 委托贷款
    - 企业贷款
    - 资金拆借
    - 票据承兑贴现
    - 贷款相关文本
    - 综合授信
    - 银团借款
  - 非贷款类
    - 资金监管服务
    - 银企合作
    - 其他银行服务
- 民间金融 / 182
  - 互联网金融、P2P
  - 小额贷款合同
- 保险 / 183
  - 保险合同、保险条款
    - 财产类保险
      - 财产损失保险
      - 运输保险
      - 责任保险
    - 人身保险
  - 保险代理、经纪、顾问
    - 个人代理、经纪
    - 代理、经纪公司
    - 保险经纪、顾问服务
  - 与保险公司合作
- 证券期货、资产管理业务 / 185
  - 债券发行
    - 债券承销
    - 其他中介机构服务
    - 债券发行配套文本
  - 股票发行
  - 证券经纪
    - 证券公司与客户
    - 证券公司与经纪人
  - 资产管理
    - 证券资产管理
    - 期货资产管理
  - 证券期货中间介绍（IB）业务
  - 期货经纪
  - 证券交易所上市协议
  - 资产证券化 /ABS

○ 证券期货顾问、咨询服务

● 信托 / 189

○ 资金、财产信托

○ 股权、证券信托

● 场外衍生金融产品交易 / 190

42.1 保理业务

10746 有追索权商业保理合同及相关全套文本

10747 无追索权商业保理合同及相关全套文本

10748 反向商业保理合同及全套文本

7931 国内商业保理合同 有追索权 无追索权 中国服务贸易协会 2016 版

42.2 银行业务

未包括：一般民间借款类文本（133 页）

42.2.1 贷款类

42.2.1.1 购房按揭贷款

13167 个人二手房抵押借款合同 适用个人类客户

6323 个人住房公积金贷款合同

9237 广东发展银行房屋按揭贷款合同

9254 中国银行个人购房贷款合同

9668 个人住房借款合同 个人住房组合贷款适用

42.2.1.2 个人消费贷款

9255 中银信用卡高端客户大额分期业务借款协议书

9250 中国农业银行汽车消费借款合同

13165 个人消费借款合同 适用个人类客户

5650 小额信用消费贷款借款合同

42.2.1.3 个人经营贷款

9253 中国银行个人投资经营借款合同
13159 金融行业（银行）常用合同 全套文本
9234 个人贷款授信额度合同 中国光大银行
9238 广东发展银行个人综合授信额度合同
13160 个人额度借款合同
13168 个人经营借款合同 适用个人类客户
9235 个人商铺抵押贷款业务合作协议 交通银行
9239 农户联保借款合同 黑龙江农村信用社

42.2.1.4 助学贷款

5723 国家助学借款合同
9233 国家开发银行生源地信用助学贷款借款合同
6863 校内学费贷款合同
7287 国家助学贷款还款确认书

42.2.1.5 外汇、进出口贷款

9242 交通银行外汇商品房抵押贷款合同
9245 中国工商银行外汇和配套人民币借款合同
362 政府优惠贷款合同 中国进出口银行
4511 外国政府贷款项目转贷协议 财政部 2011 版
9246 中国进出口银行出口卖方信贷借款合同
9240 交通银行出口买方信贷贷款合同

42.2.1.6 委托贷款

13175 委托贷款合同 适用公司类客户

42.2.1.8 企业贷款

13173 综合授信合同 适用于对公司类客户授信
13159 金融行业（银行）常用合同全套
13176 人民币资金银团借款合同

9236 流动资金借款合同 中国工商银行
13172 并购贷款合同
9248 中国农业银行固定资产借款合同
13171 流动资金借款合同 适用于公司类客户

42.2.1.9 资金拆借

1823 外汇资金拆借合同

42.2.1.11 票据承兑贴现

1478 银行承兑汇票贴现协议

42.2.1.12 贷款相关文本

9085 送达地址确认书 给银行
13174 借款展期协议 通用类
13178 债权及质押权转让协议
10516 银行贷款分期还款计划
13177 银团合作协议
1817 小额贷款公司催款函 还款提醒函 催收到期贷款通知等共四封

42.2.1.13 综合授信

13173 综合授信合同 适用于对公司类客户授信
9234 个人贷款授信额度合同 中国光大银行
9238 广东发展银行个人综合授信额度合同

42.2.1.14 银团借款

13176 人民币资金银团借款合同
13177 银团合作协议

42.2.2 非贷款类

42.2.2.1 资金监管服务

8579 支付机构客户备付金存管协议 支清协 2014 版

11889 浙江省商品房预售资金监管协议书 浙江省 2010 版
14647 旧村全面改造复建安置资金监管协议 广州市 2014 版

42.2.2.2 银企合作

11376 银企特约商户优惠合作协议
2996 银企战略合作框架合同 工商银行版本
3278 信用卡增值服务商户合作合同
9421 高速公路电子不停车收费银企合作协议
8755 担保合作协议

42.2.2.3 其他银行服务

7550 委托扣税协议书
10876 远期结汇、售汇总协议
7186 网上银行服务协议 企业
3383 电子缴税合同

42.3 民间金融

具有专门小额贷款公司资质的民间金融机构在业务开展中所使用的文本。

相关文本：一般民间借贷类文本（133 页）

未包括：担保类文本（126 页）

42.3.1 互联网金融、P2P

3563 互联网金融平台全套文本
3702 互联网金融平台催收相关文本 成套文本
6700 P2P 网络借贷信息中介车贷产品成套文本

42.3.2 小额贷款合同

9262 借款合同 个人 小额信贷
3571 借款展期协议 延期还款
11710 小额贷款公司综合授信合同 杭州市 2008 版

13594 最高额抵押借款合同 详细版 用于强制执行公证
9260 小额贷款公司全套文本 合同与表单
12930 小额贷款借款合同 杭州市 2008 版

42.4 保险

42.4.1 保险合同、保险条款

42.4.1.1 财产类保险

42.4.1.1.1 财产损失保险

7131 家庭财产两全保险合同
12857 体育赛事延迟、取消险合同
7108 建筑工程一切险保险合同
7129 机动车辆损失保险合同条款
7557 雇员忠诚保证保险条款
7127 机动车辆保险合同
7109 家庭财产综合保险合同
6966 财产一切保险合同
6964 企业财产保险合同

42.4.1.1.2 运输保险

6965 航空货物运输保险合同
7125 国内水路、铁路货物运输保险合同
7219 货物运输保险协议书
7459 海洋运输货物保险合同
8215 沿海、内河船舶保险条款

42.4.1.1.3 责任保险

10605 律师执业责任保险条款

8216　　雇主责任险保险合同
8211　　公众责任险保险合同
8217　　注册会计师执业责任保险合同
7167　　医疗责任保险条款

42.4.1.2　人身保险

12801　个人税收优惠型健康保险产品指引框架　保监会 2017 版
12804　个人税收优惠型健康保险（万能型）C 款　保监会 2017 版
8179　　大学生平安保险合同
7561　　交通意外伤害保险合同
8214　　重大疾病定期保险合同
7563　　团体人身意外伤害保险条款
7126　　航空旅客意外伤害保险合同
12803　个人税收优惠型健康保险（万能型）B 款　保监会 2017 版
12802　个人税收优惠型健康保险（万能型）A 款　保监会 2017 版
7431　　旅行社旅客旅游意外保险合同
7463　　学生幼儿意外伤害保险合同

42.4.2　保险代理、经纪、顾问

形成代理、经纪关系，以及代理经纪公司向客户提供保险经纪、顾问服务所使用文本。

42.4.2.1　个人代理、经纪

个人与保险公司形成代理、经纪关系所使用文本。

3240　　保险业务个人代理合同

42.4.2.2　代理、经纪公司

公司与保险公司形成代理、经纪关系所使用文本。

3233　　保险中介　含代理　经纪及公估常用文本　成套文本
3242　　保险公司专业代理合同书
3232　　保险经纪具体业务合作协议

3241 保险兼业代理合同
3231 保险经纪具体业务合同
3236 保险经纪框架合作合同

42.4.2.3 保险经纪、顾问服务

7594 员工福利保障保险顾问协议
3235 风险管理顾问合同
7282 保险顾问服务委托合同 免费服务

42.4.3 与保险公司合作

8212 保险赔款转让合同
3234 公估业务合作合同
3238 保险公估服务委托合同
9514 保险公司战略合作合同
9516 保险合作合同
9518 保险战略合作合同
8213 保险公司与 4S 店合作合同
3237 保险公估合作业务具体协议
7539 委托代扣保险费合同书
9547 汽车消费贷款保证保险合作协议
9517 保险平台合作合同
10593 司法鉴定机构合作协议

42.5 证券期货、资产管理业务

42.5.1 债券发行

42.5.1.1 债券承销

10912 公开发行企业债债券承销协议

42.5.1.2　其他中介机构服务

10915　信用评级委托协议　用于发行企业债债券
10916　保证担保协议　用于发行企业债债券
10913　审计业务委托合同　用于发行企业债债券
10914　聘用律师合同　发行企业债债券法律业务
10930　偿债资金专户监管协议　用于发行企业债债券
10928　公司债券债权代理协议
10929　募集资金使用专户监管协议　用于发行企业债债券

42.5.1.3　债券发行配套文本

11060　发行人股东会决议　发行企业债债券
11063　主承销商承诺函　发行企业债债券
11066　发行人不采取短期高利融资的承诺书　发行企业债债券
10941　审计机构信用承诺书　发行企业债债券
10939　主承销商信用承诺书　用于发行企业债债券
11068　发行人关于发行公司债券专项核查报告
10954　主承销商对发行企业债债券的推荐意见
11059　发行人董事会决议　发行企业债债券
10959　审计报告及附件　发行企业债债券
11058　担保人董事会决议　发行企业债债券
10951　银行信用承诺书　发行企业债债券
10980　公司债券发行的法律意见书
11065　无重大诉讼事项的说明　发行企业债债券
11061　主承销商关于企业债债券偿债能力的专项意见
10979　公司征信报告　发行企业债债券
10958　公司债券发行可行性研究报告
10940　项目主办人诚信尽职承诺书　用于发行企业债债券
10932　公开发行公司债券申请文件目录
11064　无重大违法和违规行为的说明　发行企业债债券
11055　担保函　发行企业债债券

11067　发行人关于债券存续期间不进行私募融资的承诺书
10937　发行人信用承诺书　用于发行企业债债券
11062　企业债券发行项目的质量控制审核报告　主承销商出具
11054　公司债券发行申请联系表
10943　律师事务所信用承诺书　发行企业债债券
10933　关于申请公开发行企业债券的请示
10947　评级机构信用承诺书　发行企业债债券
11057　担保股东决定　发行企业债债券
10962　公司债券募集说明书
11071　主承销商关于首次发债的辅导报告

42.5.2 股票发行

6563　股票承销合同
1849　股票发行承销合同　B 股
7749　关于某有限公司改制上市工作的一揽子协议
12781　首次公开发行股票（A 股）上市辅导协议　详细版
6767　股份有限公司证券上市推荐书
1844　A 股股票发行承销合同　附股票发行承销团协议
7414　股票发行辅导合同　免费　简单版
1851　上市推荐协议书
10912　公开发行企业债债券承销协议
1852　非上市股份公司报价转让主办券商服务合同
7389　推荐挂牌并持续督导协议书
7378　关于公司改制并在全国中小企业股份转让系统挂牌并公开转让之总服务协议
7397　新三板上市辅导顾问协议

42.5.3 证券经纪

42.5.3.1 证券公司与客户

11119　证券交易委托风险揭示书

7391　新三板报价转让委托协议书
12489　证券经纪合同及附件　全套文本
11116　证券公司客户账户开户协议
11120　证券交易委托代理协议
11115　上海证券交易所个人投资者行为指引协议
10823　证券买卖委托代理合同
11112　证券经纪客户须知
11793　上海证券交易所股票期权试点经纪合同　上海市 2015 版

42.5.3.2　证券公司与经纪人

13605　证券从业人员合规执业承诺书
11127　证券经纪人委托代理合同
10602　证券经纪人委托合同必备条款　证券业协会 2009 版

42.5.4　资产管理

42.5.4.1　证券资产管理

11149　证券定向资产管理计划合同　银行委托证券公司
11148　证券公司定向资产管理业务风险揭示书

42.5.4.2　期货资产管理

11136　期货资产管理合同　一对一　有托管
11138　委托资产起始运作通知书　期货资产管理
11137　期货公司资产管理业务风险揭示书
11139　资产合法性及投资者适当性承诺书
11135　期货资产管理合同　一对一　无托管

42.5.5　证券期货中间介绍（IB）业务

11133　证券公司为期货公司提供中间介绍业务协议
11134　期货公司为证券公司提供股票期权中间介绍业务协议　征求意见草案

42.5.6 期货经纪

11121 居间协议 期货公司与期货居间人
11122 期货居间人自律承诺书

42.5.7 证券交易所上市协议

7012 深圳证券交易所权证上市协议
7010 深圳证券交易所中小企业板块证券上市协议
7016 深圳证券交易所公司债券上市协议
7011 深圳证券交易所上市开放式基金上市协议
9423 股权金融资产交易中心挂牌协议
7015 深圳证券交易所可转换公司债券上市协议

42.5.8 资产证券化 /ABS

8834 融资租赁 ABS 全套文本

42.5.9 证券期货顾问、咨询服务

11131 证券投资顾问业务风险揭示书
11132 证券投资顾问服务协议

42.6 信托

42.6.1 资金、财产信托

1528 延期付款合同
1864 资金信托合同 适用于房地产开发的投资
1873 资产信托合同 国有土地使用权
14602 集合资金信托合同
1863 财产信托合同 自受益 不指定用途
7170 资金信托合同 职工持股
1867 资金信托合同 金融租赁

1869　资金信托合同　用于电力开发融资
13778　家族财富信托协议
14171　集合资金信托合同
1865　资金信托合同　自受益　用于贷款融资
1861　财产信托协议　用于对公司经营者激励

42.6.2　股权、证券信托

8743　代持股票信托合同
6997　证券投资集合资金信托合同
1862　股权信托合同
1866　股权投资信托合同　用于国际公寓项目

42.7　场外衍生金融产品交易

12457　场外衍生品交易协议全套文本
11150　中国证券期货市场场外衍生品交易主协议
11152　场外衍生品交易风险揭示书
11153　场外期权交易确认书
11155　场外衍生品交易商品衍生品定义文件
11154　中国证券期货市场场外衍生品交易权益类衍生品定义文件　2014 版
11151　中国证券期货市场场外衍生品交易补充协议
14408　中国银行间市场金融衍生产品交易主协议　中国人民银行 2009 版

私募基金（设立、募资、管理）

私募基金设立、募资、管理相关文本。不含私募基金对外进行股权投资所用文本（增资协议等）。

未包括：股权融资类文本（7 页）、出资协议（投资设立新公司）类文本（3 页）

- 合伙制基金设立（合伙协议）/ 191
  - 意向书、条款清单 termsheet
  - 合伙协议
- 契约型基金 / 191
- 基金管理制度 / 192
- 基金管理 / 托管合同 / 192
- 资金托管、监管 / 192

43.1 合伙制基金设立（合伙协议）

未包括：一般合伙协议类文本（22 页）

43.1.1 意向书、条款清单 termsheet

12137 合作设立教育产业私募股权投资基金条款清单

13446 设立产业投资合伙企业的关键条款清单

43.1.2 合伙协议

12313 私募基金合伙协议　有限合伙

7640 结构化私募基金合伙协议

43.2 契约型基金

14467 契约型封闭式基金合同及配套文本　适用不良资产资金的募集

12314 契约型私募基金合同

11448 私募投资基金合同　适用于契约型非标准证券类　股权类和项目类

9622 基金合同　平层结构契约制基金

14413 契约型封闭式基金合同

43.3 基金管理制度

10674 私募基金风控全套管理制度 适用于基金业协会备案使用 成套文本

43.4 基金管理 / 托管合同

12318 私募基金资产委托管理协议

2093 私募基金年度投资管理协议 续签

43.6 资金托管、监管

12317 私募基金无托管协议

12316 私募基金托管协议

·微信扫码——搜合同——输入编号
·打开网址 www.fatianshi.cn/D 编号

软件、IT、游戏开发运营

未包括：软件著作权质押类文本（129 页）、软件著作权转让类文本（104 页）、网络广告 / 网络推广（含软件、游戏推广）类文本（234 页）

- 软件、网站、APP 开发 / 193
  - 委托开发
    - 网站、网页制作
    - APP 开发
    - 微信、小程序开发
    - 软件定制开发
    - 软件硬件系统集成、定制
- 软件（部分硬件）销售、许可使用、IT 服务 / 194
  - 一般软件授权使用
  - 一般软件购买
  - SAAS 型软件销售
  - 数据库购买
  - 虚拟主机、存储空间
  - 服务器 / 主机托管（含租用）
  - 软件、网站测试
  - 软件 / 网站维护
  - 其他 IT 服务
- 软件代理经销 / 196
- 网站、软件用户协议 / 196
  - 一般网站用户协议（免费）
  - 电商平台商户入驻协议（收费）
- 网络游戏制作开发、发行运营 / 197
  - 游戏制作开发
    - 元素许可（用于游戏）
    - 部分委托创作（角色情节等）
    - 委托开发制作
  - 发行运营
    - 代理发行运营（独家）
    - 授权运营、联合运营（非独家）

44.1 软件、网站、APP 开发

未包括：游戏制作开发类文本（197 页）

44.1.1 委托开发

44.1.1.1 网站、网页制作

2856 网站建设合同 详细版
1342 网站开发合同
2622 网页策划制作委托合同

44.1.1.2 APP 开发

2920 手机客户端 APP 开发合同
14201 IPad 电子楼书制作合同
8725 水务系统 APP 开发和维护合同

44.1.1.3 微信、小程序开发

1085 微信公众平台开发合同
9359 软件开发合同 在线调研平台微信版
11418 微信小程序委托开发合同

44.1.1.4 软件定制开发

5112 上海市计算机软件开发合同 上海市 2003 版
2850 信息化系统开发合同
2987 软件委托开发合同 简单版

44.1.1.5 软件硬件系统集成、定制

包括软件、硬件的系统定制开发。

5001 上海市计算机信息系统集成合同 上海市 2003 版
11899 北京市计算机信息系统集成服务合同 北京市 2008 版

44.2 软件（部分硬件）销售、许可使用、IT 服务

本类别中的购买、销售，均不涉及软件著作权的转让，实为软件许可使用。包括 SAAS 软件、云服务等。

44.2.1 一般软件授权使用

授权使用一般有期限限制。

2838 软件授权使用合同

44.2.2 一般软件购买

"购买"是指无使用期限限制（升级、维护可能有期限限制），但并不涉及软件著作权的转让。

未包括：软件著作权转让类文本（104 页）

2839 软件销售合同 许可使用

44.2.3 SAAS 型软件销售

一般为购买一个或多个在线账号一定时间的使用权限。

3051 在线软件租用服务合同 软件许可使用

1334 视频技术服务合同 SAAS 服务

2809 网络报表平台服务合同

44.2.4 数据库购买

8366 电子版数据使用合同

7052 电子文档库购买合同 法律法规库

44.2.5 虚拟主机、存储空间

7453 云主机、虚拟主机服务租用合同

7802 硬盘空间租用合同

44.2.6 服务器 / 主机托管（含租用）

服务器如由托管方提供，则为租用；但无论租用或托管，均提供托管服务。

未包括：电器（含主机）购买类文本（33 页）

1662 服务器 主机托管服务合同

13713 IDC 主机 服务器托管服务合同 详细版

44.2.7 软件、网站测试

1339 软件测试委托合同

44.2.8 软件 / 网站维护

提供 IT 技术支持、维护。一般不含硬件维护（可能含软件）服务。

未包括：计算机硬件维护（可能含软件）类文本（67 页）、网络平台代管代运营服务类文本（78 页）

5158 福建省网络运行维护服务合同 福建省 2008 版

5156 福建省数据库运行维护服务合同 福建省 2008 版

5157 福建省软件系统维护服务合同 福建省 2008 版

8035 计算机软件维护与技术支持服务合同

2857 网站维护合同

44.2.10 其他 IT 服务

11592 上海市数字证书服务协议 上海市 2010 版

44.3 软件代理经销

经销商对外销售，并向厂商进货或结算款项。

未包括：游戏发行运营类文本（198 页）、一般商品代理经销类文本（40 页）

1984 软件代理协议

7057 OEM 买断销售代理合同 软件

7677 教育软件代理合同

2842 区域经销合同 主合同

44.4 网站、软件用户协议

44.4.1 一般网站用户协议（免费）

1280 网站注册合同清洁版 普通网站

9440 综合类网站用户协议 百度
9441 综合类网站用户服务协议 搜狐网
9445 音乐类网站用户服务协议 网易云音乐
9427 购物类网站用户协议 京东
9429 购物类网站用户协议 美团网
9434 游戏类网站用户服务协议 腾讯游戏
9439 小说文学类网站用户服务协议 潇湘书院

44.4.4 电商平台商户入驻协议（收费）

一般通过佣金、提成、返点、技术服务费等方式收费，合同中需要约定收费标准。

13333 广州市网络交易平台经营服务合同 广州市 2015 版
4937 上海市网络交易平台经营服务合同 上海市 2013 版
2922 天猫入驻服务合同
8263 （中国工商银行）B2B 电子商务平台商户合作合同
3489 酒店预订网络平台合作协议 平台方与酒店
12780 平台服务合作协议

44.5 网络游戏制作开发、发行运营

44.5.1 游戏制作开发

44.5.1.1 元素许可（用于游戏）

12533 著作权授权与合作开发软件协议 动画形象授权
12528 授权合作协议 技术与肖像授权开发游戏
14506 角色形象使用许可合同 游戏 漫画 动画

44.5.1.2 部分委托创作（角色情节等）

14504 故事情节委托创作合同 游戏 漫画 动画
3064 游戏美术合同

44.5.1.3 委托开发制作

14508 网页游戏开发合同

7451 网络游戏委托开发合同

44.5.2 发行运营

运营方负责运营该款游戏（一般通过运营商自己的用户系统收费），运营方取得收入并向授权方分成。不同于提供推广服务（委托方向推广方支付推广费用）。

未包括：APP/ 软件推广类文本（235 页）

44.5.2.1 代理发行运营（独家）

14512 游戏独家发行合同

14511 游戏销售独家代理合同

44.5.2.2 授权运营、联合运营（非独家）

9890 游戏联运协议 非独家授权

12707 手机游戏联合运营协议 比例分配收益

14507 网络游戏营销宣传推广合同

·微信扫码——搜合同——输入编号
·打开网址 www.fatianshi.cn/D 编号

物流运输

未包括：车辆租赁类文本（52 页）

● 货运 / 199

- 一般物流服务、公路运输
- 特殊货物运输
- 快递
- 进出口、国际运输
- 仓储加配送服务

● 客运 / 200

- 班车、专车
- 旅游客运、旅游包车

● 物流合作经营 / 201

45.1 货运

45.1.1 一般物流服务、公路运输

4788 北京市道路货物运输合同 北京市 2006 版

6885 货物运输合同 通用详细版

6498 汽车货物运单

45.1.6 特殊货物运输

2198 汽车零部件配套运输合同 三方

1169 新 GSP 药品委托运输合同

7224 苗木运输合同

7220 危险品（甲醛）公路运输合同

533 土石方运输承包合同

14379 冷链运输合同

1464 搬运合同

13650 液态奶、鲜奶公路运输合同

2789 医药物流服务合同 单次运输

7184　冷藏货物运输合同
1167　危险品运输合同　液氨
9394　金融机构安全押运和守卫服务合同
7221　成品油公路运输合同
1101　物流仓储合同
13905　危险化学品运输合同　通用详细版
7299　棉花运输合同
9336　医院制剂配送合作协议

45.1.7　快递

4412　国内快递服务协议　工商管理总局 2008 版
531　快递单背面格式条款　快递运单契约条款

45.1.8　进出口、国际运输

9257　货运代理合同　国内外　详细版

45.1.9　仓储加配送服务

9594　仓配战略合作合同

45.2　客运

一般在特定线路、范围内用车。

未包括：一般租车（不含司机）类文本（52 页）、客运租车（配司机）类文本（53 页）、特定车辆租赁类文本（53 页）、日常临时用车类文本（53 页）、免费借用车辆类文本（55 页）

45.2.1　班车、专车

156　班车租赁合同　班车接送服务　详细版
8186　班车接送合同　简单版

45.2.2 旅游客运、旅游包车

5334 辽宁省旅游包车客运合同 辽宁省 2015 版

5189 湖北省旅游包车合同 湖北省 2013 版

7222 道路旅游运输合同 旅行社与运输公司

45.3 物流合作经营

6898 物流合作协议 物流公司与电子商务平台

影视剧融资、制作与发行

影视剧投资方、出品方在影视剧制作、拍摄、广告、发行中可能涉及的主要文本。
未包括：一般视频制作类文本（80 页）

- 影视剧投资 / 202
- 合作拍摄 / 203
- 素材创作、许可、制作 / 203
  - 剧本类
    - 版权许可（改编、拍摄）
    - 委托创作、改编
    - 版权转让
    - 前期沟通
    - 剧本策划咨询
  - 音乐、歌曲、演唱
    - 音乐创作
    - 演唱
    - 录制
  - 部分制作、加工
  - 音效、特效
  - 其他素材许可
  - 影视剧整体委托制作
  - 电视节目制作（非电视剧）
- 场地、后勤、剧务类 / 206
  - 场地租用、许可使用
  - 车辆租用
  - 置景服务
  - 其他后勤供应
- 影视剧组劳务聘用 / 206
  - 未成年演员聘用
  - 演员聘用
  - 剧组其他工作人员聘用
- 发行许可放映 / 208
  - 电影发行
  - 其他影视作品代理发行
  - 播映许可
  - 网络传播许可
  - 音像制品许可

46.1 影视剧投资

投资方投入资金，并取得投资回报，但不享有著作权。

未包括：融资居间类文本（97 页）

8896　电视剧固定投资回报合同
9198　网络电影投资合同

46.2　合作拍摄

各方均投入资源（不限于资金），一般作为共同出品方，按约定共享收益。

10755　电影片联合投资摄制合同
5820　中外联合摄制电影合作合同
13845　院线电影投资合同
10760　电视剧联合投资摄制合同
5811　电影片联合投资摄制合作合同
4449　中外联合摄制电视剧合作合同
10705　电影电视剧联合投资合同
4455　电视剧联合投资摄制合作合同
10257　中外合作拍摄电视剧合作协议
13654　网络剧联合投资协议　一方以改编权出资

46.3　素材创作、许可、制作

未包括：保密（商务合作中）类文本（110 页）

46.3.1　剧本类

10832　影视剧素材许可　制作　场地等合同全套

46.3.1.1　版权许可（改编、拍摄）

10770　文字作品（影视改编与摄制）　许可使用合同

46.3.1.2　委托创作、改编

未包括：剧组人员（含驻组编剧）聘用类文本（206 页）

10415　影视剧剧本委托创作合同

10416　影视剧剧本委托改编合同
10418　影视剧编剧聘请合同
13620　编剧权利声明书　向委托方出具

46.3.1.3　版权转让

10417　影视剧剧本版权转让合同

46.3.1.4　前期沟通

5738　文字作品使用意向书
5742　文字作品提交合同　非版权许可

46.3.1.5　剧本策划咨询

13635　编剧策划 / 剧本咨询服务合同

46.3.2　音乐、歌曲、演唱

46.3.2.1　音乐创作

10772　影视作品音乐委托创作合同

46.3.2.2　演唱

10774　影视作品歌曲演唱合同

46.3.2.3　录制

10778　影视作品音乐录制合同

46.3.3　部分制作、加工

未包括：一般视频制作类文本（80 页）
10795　电影片后期视频制作合同
5547　电影　电视剧字幕制作合同
760　专题片后期制作合同
5552　同期录音合同
5561　影片洗印加工合同

777 影视制作合同 简单版
13608 影视剧剪辑服务协议 个人剪辑师

46.3.4 音效、特效

5631 特技效果服务合同
5543 电脑特技制作合同
5555 音效制作合同
12536 配音音效 音乐委托制作合同
10771 影视作品音效制作合同 同期声 配音 拟音
10710 影视剧特技效果服务合同

46.3.5 其他素材许可

10779 影视作品素材使用许可合同 通用
5759 艺术作品许可使用合同
5785 影视素材许可使用合同
5728 剧照肖像许可使用合同

46.3.6 影视剧整体委托制作

未包括：一般视频制作类文本（80 页）
10708 影视剧承制合同
10711 影视剧委托承制合同
10787 影视剧委托承制合同
10700 承包摄制电影 电视剧合同

46.3.7 电视节目制作（非电视剧）

12689 电视节目摄制团队服务合同
12687 电视节目后期委托制作协议
12690 电视节目包装设计制作合同
12691 电视节目委托制作相关文本 非电视剧制作
12686 电视节目委托制作合同

46.4 场地、后勤、剧务类

影视剧制作中使用的部分文本。

更多相关文本可参考：租赁类文本（47 页）、服务类文本（57 页）、买卖转让类文本（29 页）

46.4.1 场地租用、许可使用

更多场地租用类文本参考：各类场地租赁类文本（50 页）

10780 影视作品置景场地租用合同

5805 置景地租用合同

7056 拍摄景地使用许可合同

46.4.2 车辆租用

更多车辆租用类文本参考：车辆租赁文本（52 页）

10781 影视剧组车辆包租合同

46.4.3 置景服务

更多劳务服务类文本参考：承揽劳务服务类文本（57 页）

11191 影视作品置景服务合同

7182 影视剧场景搭建承包合同

46.4.4 其他后勤供应

10782 影视剧组餐食供应合同

46.5 影视剧组劳务聘用

剧组聘用人员，一般需要跟组工作，一般不构成劳动关系。

未包括：劳动合同类文本（114 页）

46.5.1 未成年演员聘用

10345 影视作品演员聘用合同 八岁以上未成年

10339 影视作品演员聘用合同 八岁以下未成年

46.5.2 演员聘用

10347 影视作品演员聘用合同 特别出演 友情出演
5627 聘请电影 电视剧特技演员合同
10337 影视作品人员聘用合同全套文本
7187 影视剧配音演员聘用合同
10341 影视作品演员聘用合同 主演
10348 影视作品演员聘用合同 特约
10340 影视作品演员聘用合同 临时
10346 影视作品演员聘用合同 跟组
5589 聘请电影（电视剧）临时演员合同 与演员本人签订
5568 聘请电影（电视剧）导演合同 与导演本人签订
5597 聘请电影（电视剧）演员合同 与演员本人签订

46.5.3 剧组其他工作人员聘用

10349 影视作品演员聘用合同 总导演
11192 影视作品制片人聘用合同
758 电视剧美术设计聘用合同
5614 聘请工作人员合同
10337 影视作品人员聘用合同全套文本
10344 影视作品剧组工作人员聘用合同
10343 影视作品监制聘用合同
764 外联制片聘用合同
10272 影视剧监制聘用合同
10342 影视作品制片主任聘用合同
759 电视剧摄影师聘用合同
5610 聘请电影（电视剧）制片人合同
10338 影视作品导演聘用合同 执行导演
5582 聘请电影（电视剧）导演合同 与导演所属单位签订
708 美术道具师聘用合同

10418　影视剧编剧聘请合同
10419　影视剧编剧进组合同

46.7　发行许可放映

46.7.1　电影发行

10796　电影片发行意向合同
10799　电影片保底分成发行放映合同
10797　电影片分账发行放映合同
10798　电影片买断发行代理合同

46.7.2　其他影视作品代理发行

11338　动画作品授权代理合同　代理发行

46.7.3　播映许可

以电视台播放为主，可能包括网站播放。

10802　电视剧播映权许可使用合同

46.7.4　网络传播许可

10801　电视剧信息网络传播权许可使用合同
5538　影视剧信息网络传播权许可使用合同

46.7.5　音像制品许可

将影视作品制作为音像制品发行以取得收益。

5532　音像出版发行合同　影视剧

演 艺

- 演艺经纪 / 209
  - 艺人经纪代理
  - 艺人 / 网红合作、开发
  - 艺人管理、补充
- 演出活动举办、承办 / 209
  - 合作举办
  - 总体承揽、承办
  - 邀请演出、参与活动
- 演出发行、转播 / 210

47.1 演艺经纪

47.1.1 艺人经纪代理

以演艺明星为典型，也适用于一般名人。

未包括：广告代言 / 形象代言类文本（234 页）、运动员经纪类文本（211 页）

12542　艺人独家经纪合同　详细版

10238　艺人广告业务经纪合同

47.1.2 艺人 / 网红合作、开发

14486　网络直播合作合同　平台与个人

7772　主播线下签约合同

47.1.3 艺人管理、补充

12905　艺人艺名及微博账户信息确认协议

47.2 演出活动举办、承办

未包括演出场地或设备租赁、演出安保等相关配套服务文本。

未包括：演出活动赞助类文本（236 页）、体育赛事赞助类文本（236 页）、会展

活动承揽类文本（86 页）、安保服务类文本（71 页）

47.2.1 合作举办

各方共同投资（投入），共享收益。

14478 演出联合投资合同

47.2.2 总体承揽、承办

类似承揽关系，承办（承揽）方收取费用。

770 演艺服务合同

47.2.3 邀请演出、参与活动

通过经纪公司，或直接与演员签署。

未包括：影视剧组劳务聘用类文本（206 页）

14480 邀请参加演出合同

13758 邀请艺人参与节目录制合同

12499 马戏团演出服务合同

11284 委托参与节目录制合同 简单版

47.3 演出发行、转播

未包括：赛事转播类合同（212 页）

10236 演唱会广播电视转播合同

14112 演唱会录像与音像出版合同

体 育

未包括：演出活动赞助类文本（236 页）、体育赛事赞助类文本（236 页）、广告代言/形象代言类文本（234 页）

- 运动员经纪、商业开发 / 211
- 赛事举办、承办 / 211
  - 授权承办开发
  - 总体承办
- 赛事转播 / 212
- 赛事特许经营、衍生品开发 / 212
- 运动员管理、志愿者 / 212
  - 运动员参赛
  - 入会、注册
  - 转会
  - 运动员雇佣
  - 志愿者

48.1 运动员经纪、商业开发

未包括：广告代言 / 形象代言类文本（234 页）

14684 运动员经纪合同 运动员与经纪公司

14683 运动员经纪合同 运动员与经纪人

14679 运动员商业开发合同 俱乐部与运动员

14500 职业运动员经纪合同

6445 国家队运动员商业开发合同 体育总局 2006 版

48.2 赛事举办、承办

未包括演出场地或设备租赁、演出安保等相关配套服务文本。

未包括：演出晚会赞助类文本（236 页）、体育赛事赞助类文本（236 页）、会展活动承揽类文本（86 页）、安保服务类文本（71 页）、广告赞助招商类文本（98 页）

48.2.1　授权承办开发

授权承办开发、推广、经营赛事，承办方需向主办方缴纳费用，或共享收益。不同于承揽（收取承揽、服务费用）。

14495　体育赛事承办合同

14678　体育赛事承办转委托合同

48.2.2　总体承办

类似承揽关系，承办（承揽）方收取费用。

相关文本：会展活动承揽类文本（86 页）

13747　体育活动承办合同　简单版

48.3　赛事转播

未包括：演出发行转播类文本（210 页）

14681　体育赛事电视转播权合同

48.4　赛事特许经营、衍生品开发

12849　体育赛事纪念币特许经营合同　合作分成

14680　体育赛事邮票特许经营合同

48.5　运动员管理、志愿者

48.5.1　运动员参赛

用于运动员与赛事举办方之间。

7206　运动员参赛合同

11842　马拉松赛事参赛人员免责声明

48.5.2　入会、注册

14077　乒乓球运动员标准合同　体育总局乒羽中心 2013 版

48.5.3　转会

14499　职业运动员转会合同

48.5.4　运动员雇佣

包括劳动关系类雇佣、人事关系（事业单位）类雇佣两类。

更多劳动合同、人事合同类文本参考：劳动合同（含人事聘用合同）类文本（114 页）

14498　俱乐部工作合同　劳动合同

14080　江苏省优秀运动员聘用合同书　江苏省 2016 版

14078　试训运动员协议书　江苏省 2016 版

14083　广东省优秀运动员聘用合同书　广东省 2009 版

14081　运动员职业转换过渡期协议书　广西壮族自治区 2015 版

48.5.5　志愿者

双方不构成劳动关系。

未包括：一般志愿者服务类文本（75 页）

14682　体育赛事志愿者服务合同

矿产资源

- 探矿权出让、转让、合作 / 214
  - 探矿权出让、行政管理
  - 探矿权转让
  - 探矿权抵押
  - 探矿权出资设立公司
  - 探矿权合作（契约型）
  - 中央地勘基金勘查投资
  - 矿产公司股权转让
- 采矿权出让、转让、合作 / 215
  - 采矿权出让、行政管理
  - 采矿权转让
  - 采矿权抵押
  - 采矿权出租
  - 采矿权合作（新设公司）
  - 采矿权合作（契约型）
  - 采矿权承包
- 评估咨询、勘查、工程设计、施工、监理 / 216
  - 评估、咨询、资料使用
  - 勘查（含勘查监理）、储量检测
  - 矿业相关工程设计
  - 工程施工、开拓工程
  - 施工安全
- 压覆矿产 / 217
- 矿业居间服务 / 217

49.1 探矿权出让、转让、合作

49.1.1 探矿权出让、行政管理

14035 探矿权出让合同

13975 探矿权行政管理合同

49.1.2 探矿权转让

14037 探矿权转让合同

49.1.3 探矿权抵押

14040 探矿权抵押合同

49.1.4 探矿权出资设立公司

13922 探矿权出资合作协议 法人型

49.1.5 探矿权合作（契约型）

13936 合作勘查协议 契约型

49.1.6 中央地勘基金勘查投资

14933 中央地质勘查基金合作勘查投资合同书 试行 国土资源部 2010 版

14934 中央地质勘查基金合作勘查追加投资合同书 试行 国土资源部 2008 版

49.1.7 矿产公司股权转让

持有矿业权的目标公司股权转让。

14055 矿业有限公司股权转让协议 有担保方

49.2 采矿权出让、转让、合作

49.2.1 采矿权出让、行政管理

14036 采矿权出让合同

14025 采矿权行政管理合同

49.2.2 采矿权转让

14039 采矿权转让合同

49.2.3 采矿权抵押

14041 采矿权抵押合同

49.2.4 采矿权出租

14042 采矿权出租合同

49.2.5 采矿权合作（新设公司）

14017 采矿权出资合作协议 法人型

49.2.6 采矿权合作（契约型）

14020 合作开采协议 契约型

49.2.7 采矿权承包

14043 采矿权承包合同

49.3 评估咨询、勘查、工程设计、施工、监理

49.3.1 评估、咨询、资料使用

14072 矿业权价款评估合同

14073 矿山安全评价服务合同

14069 非公开性地质资料使用许可协议

49.3.2 勘查（含勘查监理）、储量检测

13948 委托勘查协议

13960 矿产资源勘查监理合同

14070 矿山储量核查检测合同

14071 矿产资源储量评审合同

49.3.3 矿业相关工程设计

14032 采矿工程设计合同

14034 选矿工程设计合同

49.3.4 工程施工、开拓工程

14030 煤矿土方剥离工程施工合同

14026 煤矿建筑安装工程施工合同

13943 勘探钻井施工合同

14033 采矿开拓工程生产合同

49.3.5 施工安全

14029 煤矿基建施工安全协议
4399 非煤矿山外包工程安全生产管理协议 安全监管总局 2014 版

49.4 压覆矿产

14085 压覆矿产资源评估合同
14079 压覆矿产资源调查合同
14087 压覆矿产资源补偿协议
14084 同意压覆矿产意向书 复杂版
14082 同意压覆矿产意向书 简单版

49.5 矿业居间服务

更多居间服务参考：中介居间（单项事务）类文本（97 页）
14067 矿业权交易居间合同
14068 矿业权融资居间合同

公用事业

未包括：公用事业特许经营类文本（225 页）

- 用水 / 218
- 供热、采暖 / 219
- 电力 / 219
  - 一般居民用电
  - 大客户、企业购电
  - 电力交易市场
  - 并网调度
- 燃气 / 220
- 电信、宽带 / 220
  - 电信商与用户
  - 房地产开发商与电信商
- 有线电视 / 221
- 医疗、卫生 / 221
  - 定点医疗
  - 定点药店
- 公共教育 / 221
  - 教育合作
  - 学校与教师
    - 公派留学
    - 教师进修
    - 非正式聘任
  - 定向培养、就业相关
    - 就业协议
    - 企业定向培养
    - 特殊就业安置
    - 定向培养（公立教育）
  - 校企实习合作
  - 学校管理、安全
- 科研 / 224

50.1 用水

未包括：公用事业特许经营类文本（225 页）

13857 江苏省居民生活供用水合同 江苏省 2018 版

5214 广东省城市供水用水合同 广东省 2016 版

13331 广州市城市居民供水用水合同 广州市 2015 版

12068 广州市非居民城市供水用水合同 广州市 2015 版

50.2 供热、采暖

未包括：公用事业特许经营类文本（225 页）

4790 北京市居民供热采暖合同 按面积收费版 北京市 2010 版

4797 北京市居民供热采暖合同 按热计量计费版 北京市 2010 版

4802 北京市非居民供热采暖合同 北京市 2010 版

5290 城市非居民供用热合同 黑龙江省 2011 版

5351 城市居民供用热合同 黑龙江省 2011 版

50.3 电力

50.3.1 一般居民用电

12131 居民供用电合同 安徽省 2017 版

5362 四川省居民生活供用电合同 四川省 2013 版

50.3.2 大客户、企业购电

4530 光伏电站购售电合同 能源局 2014 版

4522 风力发电厂购售电合同 能源局 2013 版

5101 临时供用电合同 上海电力公司版

5029 低压供用电合同 100KW 及以上 上海市

5093 高压供用电合同 上海市

50.3.3 电力交易市场

14605 福建省电力零售市场供电合同 福建省 2018 版

14606 福建省电力零售市场购售电合同 福建省 2018 版

12163 售电公司与电力用户购售电合同 江苏省 2017 版

14604 福建省电力直接交易三方合同 福建省 2018 版

13780 售电公司与电力用户购售电合同 四川省 2018 版

13779 电力用户与发电企业年度双边交易购售电合同 四川省电力交易中心 2018 版

14599 江苏电网公司、售电公司、电力市场化零售用户三方购售电合同 江苏省 2017 版

12161 电力用户与发电企业直接交易及电网企业输配电服务三方合同 江苏省 2016 版

13781 售电公司与发电企业年度双边交易购售电合同 四川省 2018 版

50.3.4 并网调度

4532 风力发电厂并网调度协议 能源局 2014 版

4538 光伏电站并网调度协议 能源局 2014 版

50.4 燃气

未包括：公用事业特许经营类文本（225 页）

12069 北京市居民供用天然气合同 北京市 2016 版

4935 上海市非居民用户管道燃气供用气合同 上海市 2014 版

4950 上海市居民管道燃气供用气合同 上海市 2012 版

4828 北京市非居民天然气供用合同 北京市 2012 版

11114 北京市瓶装液化石油气供应合同 北京市 2010 版

4381 天然气购销合同 大客户 能源局 2014 版

50.5 电信、宽带

50.5.1 电信商与用户

4560 北京市电话通信业务入网服务合同 北京市 2015 版

12073 电信业服务合同 天津市 2015 版

11252 电信业服务协议 安徽省 2017 版

50.5.2 房地产开发商与电信商

13607 通信网络接入合作协议 开发商与电信公司 需付费

3250 宽带综合接入合同 开发商与电信公司 无须付费

50.6 有线电视

10317 有线电视网络系统入网信号使用协议
1982 有线电视系统服务合同

50.7 医疗、卫生

公众医疗、卫生行业相关文本，不包括医疗卫生机构与患者之间的服务类文本。

未包括：医疗健康服务类文本（73 页）

50.7.1 定点医疗

政府机关确定定点医疗机构。

未包括：医疗健康服务类文本（73 页）

9391 社会保险定点医疗机构医疗服务协议书
7733 农村合作医疗定点医疗机构服务合同

50.7.2 定点药店

未包括：医疗健康服务类文本（73 页）

7256 城镇职工基本医疗保险定点零售药店服务协议

50.8 公共教育

未包括：培训教育类文本（88 页）

50.8.1 教育合作

7625 中外高等教育合作办学协议
7366 联合培养博士后研究人员协议

50.8.2 学校与教师

未包括：人事聘用合同类文本（115 页）

50.8.2.1　公派留学

9983　出国留学协议

50.8.2.2　教师进修

7815　教师进修合同

7551　教育硕士进修合同

7816　师徒合同　教师之间

50.8.2.3　非正式聘任

非正式人事关系或劳动关系。

正式人事聘用关系参考：人事聘用类文本（115 页）

劳动合同关系参考：劳动合同类文本（114 页）

3331　大学兼职导师聘任合同　简单版　未约定报酬

7814　高级访问学者合同

50.8.3　定向培养、就业相关

未包括：培训教育类文本（88 页）

50.8.3.1　就业协议

正式建立劳动关系（聘用关系）之前签订的就业意向协议。

9190　大学毕业生就业三方协议

9883　四川省普通高等学校毕业生就业协议书　四川省 2010 版

50.8.3.2　企业定向培养

企业投入一定资源或费用，学生毕业后应到企业任职，一般有费用投入、违约金的约定。企业与学生签署，或企业、学生、学校三方签署。

未包括：培训服务期（单位与员工）类文本（117 页）

11241　校企合作协议　企业预定某专业学生

1385　委托合同　供委托学校培训用

7532　飞行员劳动培训合同

50.8.3.3 特殊就业安置

用人单位与学校两方，或用人单位、学校、学生三方签署，不同于正式劳动关系或聘用关系。

7746 高校毕业生到农村基层从事 三支一扶 工作协议

50.8.3.4 定向培养（公立教育）

一般适用于公立教育体制内的定向培养。

4459 少数民族高层次骨干人才计划硕士研究生（在职考生）定向协议书 教育部 2016 版

4426 少数民族在职考生计划博士研究生定向协议书 教育部 2016 版

4485 少数民族人才计划硕士研究生（非在职考生）定向协议书 教育部 2016 版

4420 少数民族博士研究生（非在职考生）定向协议书 教育部 2016 版

7713 定向培养医学毕业生协议书

1972 委托培养研究生协议

7710 国防生培养协议书

50.8.4 校企实习合作

7556 短期研究实习合同 安排实习 支付费用

7542 勤工助学合同 学校与用人单位

7306 实习基地合同

2300 高校学生校外毕业设计协议 委托培养

50.8.5 学校管理、安全

学校与学生或学生家长签署。

7554 学生校外住宿协议

13718 体育生校外训练安全协议书

12819 家长安全责任承诺书 高校学生假期留校

1207 学生入学合同 大学成人教育

50.9 科研

未包括：技术开发类文本（110 页）

6438　国家知识产权局软科学研究项目合同书

4456　教育部科学技术研究项目任务合同书　教育部 2013 版

PPP 及其他社会资本合作

● 前期框架协议 / 225
● PPP 项目合同 / 225
● PPP 项目公司股东协议 / 225
● 公用事业特许经营 / 225

08424　特色小镇 PPP 项目合同文本
9933　通用机场 ppp 项目成套文本

51.1　前期框架协议

9898　通用机场 PPP 项目合作框架协议

51.2　PPP 项目合同

12463　各类 PPP 项目合同文本全套
13754　湖南省病死畜禽无害化处理 PPP 项目合同　湖南省 2017 版

51.3　PPP 项目公司股东协议

9393　合资成立 PPP 项目公司股东协议
9249　城市地下综合管廊 PPP 项目公司股东协议

51.4　公用事业特许经营

未包括：特许经营类文本（134 页）
13795　城市污水处理特许经营协议　住建部 2006 版
13794　城镇供热特许经营协议　住建部 2006 版

5354　城市生活垃圾处理特许经营协议　黑龙江省 2004 版
11852　城市供水特许经营协议　住建部 2004 版
11862　城市管道燃气特许经营协议　住建部 2004 版
11932　环境污染第三方治理合同　建设运营模式　发改委 2016 版

农业林业承包经营

- 土地承包经营权及流转 / 227
  - 农村土地承包（家庭承包）
  - 委托流转
  - 入股、股份合作
  - 互换
  - 各类流转通用
  - 转包、出租
  - 转让
- 集体林地承包经营权及流转 / 229
  - 集体林地承包（承包经营权）
  - 各类流转通用
  - 转让
  - 互换
- 农村土地承包（其他方式承包）、租赁 / 230
- 农业机械服务 / 230
- 农业技术服务 / 230

52.1 土地承包经营权及流转

52.1.1 农村土地承包（家庭承包）

以《农村土地承包法》第二章规定的家庭承包为典型。

10528 农村土地（耕地）承包合同 农业部 2015 版

52.1.2 委托流转

承包农户委托他人对土地进行流转，确立委托关系。不适用于直接流转关系。

5228 贵州省农村土地承包经营权委托流转合同 贵州省 2010 版

13784 农村土地承包经营权委托流转协议 四川省 2010 版

12406 农村土地承包经营权委托流转协议 江西省 2009 版

12405 农村土地承包经营权委托流转合同 江西省 2009 版

52.1.3 入股、股份合作

未包括：一般股东出资协议类文本（3 页）、合伙协议类文本（22 页）

13786 农村土地承包经营权股份合作合同 四川省 2010 版

12407　农村土地承包经营权入股合同　江西省 2009 版
11874　农村土地承包经营权入股　股份合作合同　山东省 2009 版
11867　吉林省农村土地承包经营权入股合同　吉林省 2010 版

52.1.4　互换

承包方对属于同一集体经济组织的土地承包经营权进行交换。

13785　农村土地承包经营权互换合同　四川省 2010 版
12409　农村土地承包经营权互换合同　江西省 2009 版
5250　贵州省农村土地承包经营权互换合同　贵州省 2010 版
11872　山东省农村土地承包经营权互换合同　山东省 2009 版

52.1.5　各类流转通用

包括转包、出租、互换、转让、入股等方式，需选择具体流转方式。

5313　江苏省农村土地承包经营权流转合同　江苏省 2016 版
11849　广西壮族自治区农村土地承包经营权流转合同　广西壮族自治区 2010 版
12147　农村土地承包经营权流转合同　湖北省 2013 版
11078　农村土地流转合同　广州市 2009 版
4924　上海市农村土地承包经营权流转合同　上海市 2016 版
13625　安徽省农村土地承包经营权流转合同　安徽省 2017 版
5190　广东省农村土地承包经营权流转合同　广东省
13724　农村土地承包经营权流转合同　常德市 2018 版
12125　安徽省农村土地承包经营权流转合同　征求意见稿　安徽省 2017 版

52.1.6　转包、出租

转包指“转给本集体经济组织内其他农户经营，原与发包方签订的土地承包合同继续有效”；出租指“出租给本集体经济组织以外的单位或个人并收取租金”。

11869　吉林省农村土地承包经营权转包　出租合同　吉林省 2010 版
5233　贵州省农村土地承包经营权转包　出租合同　贵州省 2010 版
11870　山东省农村土地承包经营权转包合同　山东省 2009 版
11871　农村土地承包经营权出租合同　山东省 2009 版
13783　农村土地承包经营权转包　出租合同　四川省 2010 版

12404　江西省农村土地承包经营权转包　出租合同　江西省 2009 版

52.1.7　转让

转让指“土地承包经营权转让给其他农户，受让方与发包方确立新的承包关系，原承包方与发包方在该土地上的承包关系终止”。

11873　山东省农村土地承包经营权转让合同　山东省 2009 版
13782　农村土地承包经营权转让合同　四川省 2010 版
12408　农村土地承包经营权转让合同　江西省 2009 版
5251　贵州省农村土地承包经营权转让合同　贵州省 2010 版

52.2　集体林地承包经营权及流转

52.2.1　集体林地承包（承包经营权）

4543　集体林地承包合同　林业局 2014 版
11917　集体林地承包合同　湖北省 2015 版
5248　集体林地承包合同　江苏省 2015 版
5142　广东省林地承包合同　广东省

52.2.2　各类流转通用

13787　林地经营权流转合同　广元市 2017 版
4547　集体林权流转合同　林业局 2014 版
5244　集体林权流转合同　江苏省 2015 版
11915　森林资源流转合同　湖北省 2015 版
5315　广东省林地流转合同　广东省

52.2.3　转让

11895　浙江省林权转让合同　浙江省 2013 版

52.2.4　互换

11892　浙江省林权互换合同　浙江省 2013 版

52.3　农村土地承包（其他方式承包）、租赁

7904　鱼塘承包经营合同

1011　农村农副业承包合同

933　基地承包合同

7786　机动草牧场承包合同

13628　集体土地使用权租赁合同（工业用地）

52.4　农业机械服务

一般为提供机械加操作人员服务。

未包括：农业生产资料买卖类文本（39 页）

13738　农业机械作业服务合同　常德市 2018 版

4798　北京市农业机械作业服务合同　北京市 2009 版

4430　农机社会化服务作业合同　农业部 2007 版

52.5　农业技术服务

未包括：一般承揽劳务服务类文本（57 页）

13740　农业养殖技术服务合同　常德市 2018 版

13739　农业种植技术服务合同　常德市 2018 版

2247　农产品种植技术服务合同

· 微信扫码——搜合同——输入编号
· 打开网址 www.fatianshi.cn/D 编号

广告营销推广、展览赞助

包括线下推广服务，包括参加展览类文本。

未包括：一般中介居间服务类文本（93 页）

- 广告代理 / 231
- 传统媒体广告发布、陈列服务 / 232
  - 一般通用广告发布
  - 电视广播广告发布
  - 纸质媒体广告发布
  - 户外广告发布
    - 户外一般通用
    - 特定位置、LED
  - 车身广告发布
  - 短信 / 彩信广告发布（短信群发）
  - 影视广告、赞助
    - 影视植入广告
    - 影院映前广告、贴片广告
    - 影视赞助（有回报）
  - 陈列服务
  - 其他广告发布
- 广告代言、形象代言 / 234
- 网络广告、网络推广 / 234
  - 网站优化、搜索引擎优化（SEO）
  - 软文发布
  - 网络广告（按效果付费）
  - APP/ 软件 / 网络游戏推广
  - 网络广告发布（固定付费）
- 参展、活动（体育演出等）赞助 / 235
  - 参展、展会赞助
  - 演出、活动赞助
  - 体育赛事赞助
  - 校园活动、小型活动赞助

53.1 广告代理

代理方作为广告发布者（包括赛事活动主办方等有广告媒介资源的主体）代理商，直接与客户签约收款，并与广告发布者共享收益（或支付费用）。不同于提供广告赞助招商的居间服务。注意：代理方不是作为广告主一方的代理商。

未包括：广告招商（居间）服务类文本（98 页）、赞助招商（居间）类文本（99 页）

14470 独家广告代理商合同
14471 媒体广告代理合同 非独家
2704 网站广告代理合同
12548 天气预报电视栏目承包经营合同
8757 影院映前广告代理合同 非独家
14687 影院映前广告独家代理合同
5808 电视剧植入式广告代理合同 广告代理
5818 电影贴片广告代理合同

53.2 传统媒体广告发布、陈列服务

未包括：网络广告 / 推广类文本（234 页）

53.2.1 一般通用广告发布

14472 广告发布合同
999 媒体推广服务合同

53.2.2 电视广播广告发布

12214 江苏省电视广播广告发布合同 江苏省 2013 版
5033 上海市电视广播广告发布合同 上海市 2007 版
14175 广播电台广告发布合同
11425 电视栏目广告投放协议

53.2.3 纸质媒体广告发布

12213 江苏省报刊广告发布合同 江苏省 2013 版
5027 上海市报刊广告发布合同 上海市 2007 版
8397 报纸广告发布合同

53.2.4 户外广告发布

广告主委托广告经营者发布广告，不同于广告经营者租赁广告位并维护运营、发布广告。可能包含广告制作。

未包括：广告位租赁合同（51 页）、设计制作创作（含广告设计）类文本（79 页）

53.2.4.1 户外一般通用

5040 上海市户外广告发布合同 上海市 2007 版
649 户外广告发布合同 通用详细版

53.2.4.2 特定位置、LED

7432 高速公路路牌广告合同
12622 路灯灯杆旗广告发布合同
1069 LED 视频广告发布合同
14165 围挡广告制作合同
12626 电梯门广告发布合同
14706 候车亭广告制作发布合同

53.2.5 车身广告发布

579 车身广告发布合同
13917 出租车顶 LED 显示屏媒体广告发布合同
12618 LED 广告车广告发布合同
14181 公交车车身广告发布合同

53.2.6 短信 / 彩信广告发布（短信群发）

14169 短信广告发布合同 平台提供客户资源
14168 短信平台使用合同 广告主自主发布
14720 短信 彩信及直邮服务年度合同
12620 彩信发布合同

53.2.7 影视广告、赞助

53.2.7.1 影视植入广告

10756 电视剧品牌植入服务合同
10704 电视剧品牌植入合作合同

53.2.7.2　影院映前广告、贴片广告

9499　影院映前广告合同

10758　影片贴片广告发布合同

53.2.7.3　影视赞助（有回报）

一方投入物资、资金，获得宣传、署名方面的一定回报。

2429　电视剧赞助拍摄合同

10759　影视剧项目赞助合同

53.2.8　陈列服务

服务方展示另一方的产品，并收取费用。

3441　产品陈列协议　简单版

1404　超市陈列销售服务合同

53.2.9　其他广告发布

6850　企业城市导向牌标注服务合同

943　购物车广告投放合同

53.4　广告代言、形象代言

单次的艺人活动邀请可参考：邀请演出 / 参与活动类文本（210 页）

未包括：肖像权许可 / 模特服务类文本（106 页）、艺人经纪类文本（209 页）、运动员经纪类文本（211 页）

3476　网络红人（网红）代言合作协议

14501　艺人 / 运动员代言合同

53.5　网络广告、网络推广

53.5.1　网站优化、搜索引擎优化（SEO）

未包括：网站维护类文本（196 页）

1192　淘宝商城优化服务合同

139　网站搜索引擎优化　SEO 服务合同

8183　网站优化合同　SEO　简单版

53.5.2　软文发布

10302　网络软文新闻发布协议

53.5.3　网络广告（按效果付费）

包括按展示次数付费、按点击量付费、按行为付费等多种按效果付费模式。

9206　微信朋友圈广告服务合同　CPM

14184　房屋销售网络广告发布合同　电商渠道　CPA

11006　网络营销推广合作协议　按到场人数　公众号推广　按到场人数付费

11423　电商闪投推广合作协议　点击付费

53.5.4　APP/ 软件 / 网络游戏推广

推广方收取服务费用，推广方自己不负责运营该软件或游戏。

未包括：网络游戏发行运营类文本（197 页）

12706　网络广告发布合同　CPM 模式

53.5.5　网络广告发布（固定付费）

一般为约定展示位置、时间，固定收费的模式。

14183　网络广告发布合同　纯广告发布

660　网络广告发布合同　详细版

1045　微信推广服务合同

13926　新媒体宣传合作　广告发布协议

53.6　参展、活动（体育演出等）赞助

均为支付费用，取得参加展览、展示推广的权益。

未包括：会展活动承揽类文本（86 页）

53.6.1　参展、展会赞助

653　车展参展合同

2523　展会白金赞助合同

2522　赞助商申请表

53.6.2　演出、活动赞助

14481　演出冠名赞助合同　舞台剧　演唱会

53.6.3　体育赛事赞助

2473　体育赛事冠名赞助合同

14494　体育赛事赞助合同

53.6.4　校园活动、小型活动赞助

文本相对简单，适用于小型活动、赞助费用不高的情形。

2491　冠名赞助协议　简单版

旅　游

包括旅游服务、旅游业内合作相关文本。

● 旅游服务 / 237

- 境内游合同
- 出境游合同
- 导游服务
- 其他旅游服务
- 旅游服务相关文本

● 旅游业合作 / 238

- 餐饮预订、合作
- 住宿酒店预订、合作
- 与景区合作
- 旅行社之间

54.1　旅游服务

一般为旅行社（服务提供方）与接受服务方（游客或旅游组织者）之间签署的合同及相关文本。

54.1.1　境内游合同

未包括：旅游包车类文本（201 页）

12745　重庆市市内游合同　重庆市 2017 版

4431　团队境内旅游合同　旅游局 2014 版

11781　海南省境内旅游合同　海南省 2014 版

12079　一日游旅游合同　海南省 2014 版

11738　浙江省境内旅游合同　浙江省 2013 版

4882　上海市境内旅游合同　上海市 2013 版

5279　黑龙江省一日游和乡村民俗游合同　黑龙江省 2011 版

54.1.2　出境游合同

包括去港澳台旅游。

4899　上海市邮轮旅游合同　上海市 2015 版

4452　大陆居民赴台湾地区旅游合同　旅游局 2014 版
4443　团队出境旅游合同　旅游局 2014 版
11783　海南省出境旅游合同　海南省 2014 版
11648　浙江省赴台湾地区旅游合同　浙江省 2013 版
11782　居民赴台湾地区旅游合同　海南省 2014 版
4886　上海市出境旅游合同　上海市 2013 版
11825　云南省旅游标准合同　出境包价旅游合同　云南省 2013 版

54.1.3　导游服务

未包括：特殊岗位（含导游）劳动合同类文本（115 页）
14770　海南省导服公司导游服务合同书　海南省 2017 版
14771　海南省兼职导游服务费结算协议书　海南省 2017 版

54.1.4　其他旅游服务

11784　海南省单项旅游服务委托合同　海南省 2014 版
14381　云南省旅行社单项委托合同　云南省 2017 版

54.1.5　旅游服务相关文本

未包括：旅游包车类文本（201 页）
7435　云南省接待旅行社服务质量告知书　云南省 2013 版
3422　户外活动个人安全责任自负声明　附参与者本人声明

54.2　旅游业合作

未包括：承包经营类文本（136 页）

54.2.1　餐饮预订、合作

11088　海南省旅行社与餐厅餐饮预订合同　海南省 2014 版
6537　旅行社与餐馆关于旅行团（者）用餐合同

54.2.2 住宿酒店预订、合作

12076 旅行社与旅馆客房预订合同 海南省 2014 版
3541 度假酒店与旅行社合作协议

54.2.3 与景区合作

6533 旅行社与游览参观景点合同
7157 景区门票优惠合同
7433 生态旅游活动委托合同
3537 景区与旅行社合作协议
12077 旅行社与景区门票预订合同 海南省 2014 版
6849 导游合作合同
3540 旅游景点门票代理协议 旅行社同业代理
10594 景区娱乐项目合作协议

54.2.4 旅行社之间

14382 云南省境内组团社与地接社合同 云南省 2017 版
14764 海南省旅游委托招徕合同 海南省 2014 版
4447 境内旅游组团社与地接社合同 旅游局 2014 版

不良资产处置

以金融不良资产处置为典型。

未包括：资产收购类文本（12 页）、一般债权债务转让类文本（149 页）、委托律师服务类文本（85 页）、民事诉讼法律文书类文本（245 页）

- 收购（债权转让）意向协议 / 240
- 不良资产收购（债权转让）协议 / 240
- 债权转让配套文本（非合同） / 240
- 交易所服务 / 241
- 委托清收服务 / 241

55.1 收购（债权转让）意向协议

14415 债权转让意向协议 合伙企业再次转让

14414 收购意向协议 资产管理公司与合伙企业之间

55.2 不良资产收购（债权转让）协议

7468 不良资产转让合同

14423 债权资产转让合同 合伙企业与地方性资产管理公司之间

14422 债权转让合同 资产管理公司与受让企业之间

10223 不良资产转让协议

13373 金融资产债权转让协议

55.3 债权转让配套文本（非合同）

债权转让过程中的配套文本。

14426 债权转让暨催收公告　企业之间债权转让暨催收
14425 债权转让暨债务催收公告　资产管理公司与受让企业之间
14417 处置公告　资产管理公司公开挂牌转让不良资产
14421 成交确认及签约通知书　资产转让方与资产受让方成交确认
14419 优先购买权告知函　交易所发布优先购买权
14428 债权转让证明　单笔债权转让证明
14418 交易所竞价公告　交易所竞价告知

55.4 交易所服务

不良资产转让方面交易所服务。

未包括：一般交易所挂牌交易类文本（14 页）

14420 资产营销与挂牌交易服务合同　资产转让方与交易所之间

55.5 委托清收服务

未包括：委托律师服务类文本（85 页）

14416 委托清收服务协议　不良资产委托清收

法律文书（律师文书、诉讼文书）

·微信扫码——搜合同——输入编号
·打开网址 www.fatianshi.cn/D 编号

民事诉讼

包括仲裁诉讼中的各类文书以及非诉讼业务中的律师函、法律意见书等。

起诉状、申请（分案由）/ 246

- 劳动争议
- 与破产有关的纠纷
  - 破产申请
  - 其他破产文书
  - 其他申请
- 人格权纠纷
- 婚姻家庭纠纷
- 继承纠纷
- 不动产纠纷
- 物权保护纠纷
- 所有权纠纷
- 用益物权纠纷
- 担保物权纠纷
- 合同纠纷
- 不当得利纠纷
- 知识产权合同纠纷
- 知识产权权属、侵权纠纷
- 不正当竞争纠纷
- 垄断纠纷
- 人事争议
- 与企业有关的纠纷
- 合伙企业纠纷
- 证券纠纷
- 与公司有关的纠纷
- 保险纠纷
- 信用证纠纷
- 侵权责任纠纷
- 选民资格纠纷
- 宣告失踪、宣告死亡案件
- 认定公民无民事行为能力、限制民事行为能力案件
- 认定财产无主案件
- 监护权特别程序案件
- 督促程序案件
- 公示催告程序案件
- 仲裁程序案件
- 申请承认与执行法院判决、仲裁裁决案件
- 执行异议之诉
- 其他特殊案由

反诉 / 254

各类申请（各类案由通用）/ 254

- 诉讼请求相关申请
- 程序类申请
  - 管辖（含上诉）
  - 诉讼参与人
  - 其他
- 证据相关申请

- ◎ 调取证据
- ◎ 鉴定、评估
- ◎ 举证、出庭
- ○ 保全相关申请
- ○ 向法院递交的其他文本
- ○ 向其他机关递交的申请
- ● 答辩意见、答辩状 / 258
- ● 代理意见、代理词 / 258
- ● 二审相关文书 / 258
- ● 再审、申诉相关文书 / 259
- ● 农村土地承包经营纠纷调解仲裁 / 259

80.1 起诉状、申请（分案由）

80.1.1 劳动争议

未包括：劳动仲裁阶段类文书（267 页）、人事争议纠纷起诉状类文（250 页）

10497 民事起诉状　劳动仲裁逾期未处理直接起诉

4851 民事起诉状　劳动争议　劳务派遣

4855 撤销劳动仲裁终局裁决申请书

4497 民事起诉状　不服劳动争议裁决

80.1.2 与破产有关的纠纷

80.1.2.1 破产申请

12820 破产重整申请书　债权人申请

5215 破产申请书　强制执行中债权人申请

5448 破产申请书　债权人申请

5456 破产申请书　债务人申请

5474 破产申请书　企业清算委员会申请

5497 终止重整程序宣告破产申请书

12823 破产管理人宣告破产申请　无法执行重整计划

80.1.2.2 其他破产文书

5490 债权申报通知　破产程序中

5491　债权人会议议程　第一次债权人会议
5492　债权人会议议程　第一次债权人会议之后的债权人会议
5493　债权人会议通知
5487　关于破产费用开支情况的报告
5485　债务人还款 / 归还财产通知 破产程序中
5484　解除合同通知　破产程序中
5479　企业债权清册　破产程序中
5478　企业财产清册　破产程序中
5477　破产企业职工分流安置预案
5534　终结破产程序报告
5530　破产财产分配报告
5524　和解协议草案
5512　重整管理人工作报告
5503　管理人监督重整计划报告
5499　破产重整计划草案
12821　破产财产分配方案

80.1.2.3　其他申请

5536　注销工商登记申请书
5528　认可破产财产分配方案申请书
5520　和解申请书 破产受理后申请和解
5519　和解申请书 直接申请和解
5516　终止重整计划执行申请书
5502　请求批准重整计划申请书
5498　延长提交重整计划草案申请书
5496　债务人自行管理财产申请书
5495　提请终结破产程序申请书
5494　异议申请书　对债权人会议决议提出异议

80.1.3　人格权纠纷

5912　民事起诉状　一般人格权纠纷

5890 民事起诉状 荣誉权纠纷
4763 民事起诉状 姓名权 肖像权纠纷

80.1.4 婚姻家庭纠纷

6672 民事起诉状 离婚
13094 民事起诉状 离婚纠纷 详细示例版
5607 民事起诉状 离婚后损害责任纠纷
5605 民事起诉状 婚约财产纠纷
4856 民事起诉状 抚养费纠纷

80.1.5 继承纠纷

13099 民事起诉状 遗嘱继承
13100 民事起诉状 法定继承
5790 民事起诉状 被继承人债务清偿纠纷
5792 民事起诉状 遗赠抚养协议纠纷

80.1.6 不动产纠纷

6030 民事起诉状 虚假登记损害责任纠纷

80.1.7 物权保护纠纷

6033 民事起诉状 所有权确认纠纷
6036 民事起诉状 担保物权确认纠纷
330 民事起诉状 财产损害赔偿纠纷
6037 民事起诉状 返还原物纠纷
6039 民事起诉状 排除妨害纠纷

80.1.8 所有权纠纷

6050 民事起诉状 业主共有权纠纷
6052 民事起诉状 相邻关系纠纷
6053 民事起诉状 共有物分割纠纷
6056 民事起诉状 共有人优先购买权纠纷

80.1.9 用益物权纠纷

10596 民事起诉状 地役权纠纷

80.1.10 担保物权纠纷

6066 民事起诉状 抵押权纠纷
6074 民事起诉状 动产抵押权纠纷
6082 民事起诉状 股权质权纠纷
6076 实现担保物权申请书

80.1.12 合同纠纷

5896 民事起诉状 缔约过失责任纠纷
5919 民事起诉状 确认合同效力纠纷
5932 民事起诉状 债权人代位权纠纷
5991 民事起诉状 债权人撤销权纠纷
6040 民事起诉状 债权转让纠纷
6059 民事起诉状 债务转移合同纠纷
6070 民事起诉状 债权债务概括转移纠纷
6113 民事起诉状 买卖合同纠纷
14433 民事起诉状 借款合同纠纷
5097 请求确认人民调解协议效力 申请书

80.1.13 不当得利纠纷

10597 民事起诉状 不当得利纠纷

80.1.15 知识产权合同纠纷

10598 民事起诉状 计算机软件著作权许可使用合同纠纷

80.1.16 知识产权权属、侵权纠纷

6088 民事起诉状 确认不侵害商标权纠纷
6089 民事起诉状 侵害特殊标志专有权纠纷
6090 民事起诉状 侵犯企业名称 商号权纠纷

6091 民事起诉状 侵害商标权纠纷
10354 民事起诉状 侵害专利权纠纷

80.1.17 不正当竞争纠纷

5803 民事起诉状 商业诋毁纠纷
5813 民事起诉状 擅自使用知名商品特有名称 包装 装潢纠纷
5798 民事起诉状 串通投标不正当竞争纠纷
5804 民事起诉状 有奖销售纠纷
5806 民事起诉状 低价倾销不正当竞争纠纷
5809 民事起诉状 侵害商业秘密纠纷
5810 民事起诉状 虚假宣传纠纷
5815 民事起诉状 商业贿赂不正当竞争纠纷

80.1.18 垄断纠纷

5865 民事起诉状 纵向垄断协议纠纷
5866 民事起诉状 拒绝交易纠纷
5868 民事起诉状 捆绑交易纠纷

80.1.19 人事争议

10599 民事起诉状 不服人事争议裁决

80.1.21 与企业有关的纠纷

5979 民事起诉状 中外合作经营企业合同纠纷
5981 民事起诉状 联营合同纠纷
5983 民事起诉状 企业承包经营合同纠纷
5989 民事起诉状 企业出资人权益确认纠纷
5994 民事起诉状 侵害企业出资人权益纠纷
5995 民事起诉状 企业租赁经营合同纠纷
5997 民事起诉状 挂靠经营合同纠纷

80.1.22 合伙企业纠纷

5927 民事起诉状 合伙企业财产份额转让纠纷

5930 民事起诉状 退伙纠纷
5933 民事起诉状 入伙纠纷

80.1.23 证券纠纷

5926 民事起诉状 证券虚假陈述责任纠纷

80.1.24 与公司有关的纠纷

5934 民事起诉状 申请公司清算纠纷
5935 民事起诉状 公司解散纠纷
5936 民事起诉状 公司减资纠纷
5937 民事起诉状 公司关联交易损害责任纠纷
5940 民事起诉状 股东损害公司债权人利益责任纠纷
5945 民事起诉状 损害公司利益责任纠纷
5947 民事起诉状 损害股东利益责任纠纷
5948 民事起诉状 公司盈余分配纠纷
5952 民事起诉状 发起人责任纠纷
5953 民事起诉状 公司证照返还纠纷
5955 民事起诉状 公司设立纠纷
5957 民事起诉状 公司决议撤销纠纷
5965 民事起诉状 公司决议效力确认纠纷
5966 民事起诉状 股权转让纠纷
5968 民事起诉状 请求公司收购股份纠纷
5969 民事起诉状 股东知情权纠纷
5973 民事起诉状 请求变更公司登记纠纷
5976 民事起诉状 股东名册记载纠纷
5978 民事起诉状 股东资格确认纠纷
14464 强制清算申请书

80.1.27 保险纠纷

5920 民事起诉状 人寿保险合同纠纷
5922 民事起诉状 保险费纠纷

80.1.29　信用证纠纷

5726　民事起诉状　信用证转让纠纷

80.1.30　侵权责任纠纷

5730　民事起诉状　监护人责任纠纷
5731　民事起诉状　用人单位责任纠纷
5740　民事起诉状　劳务派遣工作人员责任纠纷
5743　民事起诉状　提供劳务者致害责任纠纷
5749　民事起诉状　提供劳务者受害责任纠纷
5752　民事起诉状　网络侵权责任纠纷
5756　民事起诉状　公共场所管理人责任纠纷
5760　民事起诉状　群众性活动组织者责任纠纷
5763　民事起诉状　群众性活动组织者责任纠纷
5766　民事起诉状　教育机构责任纠纷
5768　民事起诉状　产品责任纠纷
5769　民事起诉状　侵害患者知情同意权责任纠纷
5772　民事起诉状　医疗产品责任纠纷
5773　民事起诉状　大气污染责任纠纷　公益诉讼
5774　民事起诉状　噪声污染责任纠纷
5775　民事起诉状　民用航空器损害责任纠纷
5776　民事起诉状　饲养动物损害责任纠纷
5777　民事起诉状　不明抛掷物　坠落物损害责任纠纷
5778　民事起诉状　地面施工　地下设施损害责任纠纷
5779　民事起诉状　见义勇为人受害责任纠纷
5780　民事起诉状　公证损害责任纠纷
5781　民事起诉状　紧急避险损害责任纠纷
5783　民事起诉状　申请诉前财产保全损害责任纠纷
5787　民事起诉状　申请先予执行损害责任纠纷
5908　民事起诉状　医疗事故损害赔偿纠纷
5916　民事起诉状　触电人身损害赔偿纠纷

4290　民事起诉状　机动车交通事故责任纠纷

80.1.31　选民资格纠纷

5816　民事起诉状　申请确定选民资格

80.1.32　宣告失踪、宣告死亡案件

5821　宣告失踪申请书

5830　宣告死亡申请书

5822　撤销宣告失踪申请书

5831　撤销宣告死亡申请书

5825　民事起诉状　申请为失踪人财产指定　变更代管人

5827　民事起诉状　失踪人债务支付纠纷

5832　民事起诉状　被撤销死亡宣告人请求返还财产纠纷

80.1.33　认定公民无民事行为能力、限制民事行为能力案件

5833　宣告公民限制民事行为能力申请书

4863　宣告公民无民事行为能力申请书

5835　宣告公民恢复完全民事行为能力申请书

80.1.34　认定财产无主案件

5837　认定财产无主申请书

5838　撤销认定财产无主申请书

80.1.35　监护权特别程序案件

5839　申请确定监护人申请书

5842　变更监护人申请书

80.1.36　督促程序案件

4690　支付令申请书

4692　支付令异议书

6247　申请撤回支付令异议

80.1.37　公示催告程序案件

5843　公示催告申请书
467　申报书公示催告中票据权利申报

80.1.38　仲裁程序案件

4830　确认仲裁协议无效申请书
4832　撤销商事仲裁裁决申请书

80.1.40　申请承认与执行法院判决、仲裁裁决案件

5845　承认外国法院判决申请书
5846　承认和执行外国仲裁裁决申请书
5847　申请认可和执行澳门法院民事判决申请书

80.1.41　执行异议之诉

5848　民事起诉状　案外人执行异议
5856　民事起诉状　申请执行人执行异议之诉
5861　民事起诉状　执行分配方案异议

80.1.42　其他特殊案由

6278　民事起诉状　提起第三人撤销之诉用
6246　申请撤销确认调解协议裁定申请书

80.2　反诉

6255　民事反诉状

80.3　各类申请（各类案由通用）

80.3.1　诉讼请求相关申请

6197　增加诉讼请求申请书

6423 变更、增加、撤回诉讼请求申请书
4687 撤诉申请书 简单通用版
6219 放弃诉讼请求声明书

80.3.2 程序类申请

80.3.2.1 管辖（含上诉）

4689 管辖权异议申请书 法院阶段
13104 管辖异议申请书 离婚纠纷
6421 民事上诉状 不服驳回管辖权异议裁定

80.3.2.2 诉讼参与人

14445 追加被告申请书
6226 追加必要共同诉讼人申请书
6275 第三人参加诉讼申请书
8113 第三人参加诉讼申请书 无独立请求权第三人
6237 其他机关和有关组织申请参加公益诉讼用 申请书
14444 撤回被告申请书
6214 诉讼代表人推选书
5403 变更代理人申请书
5247 撤销委托通知 当事人通知法院
5249 撤销委托通知 律师通知法院
12995 撤销与变更代理人通知 当事人通知法院

80.3.2.3 其他

5386 担保书 案外人为先予执行提供担保
5518 庭外和解申请书
6432 先予执行申请书
6264 适用简易程序异议书
13109 延期开庭审理申请书
6245 申请对驳回回避申请决定复议

6213　小额诉讼异议申请书
6236　申请书　申请顺延审理期限用
6147　对适用小额诉讼异议书
4693　不公开审理申请书
6266　恢复诉讼申请书
6268　法官回避申请书

80.3.3　证据相关申请

80.3.3.1　调取证据

6427　证据保全申请书
6430　申请法院调查取证申请书
14436　诉前调查令申请书
13120　调查令申请书　向法院提交
13112　调查取证申请书　银行存款
13116　调查取证申请书　家庭暴力
13114　调查取证申请书　基金
13113　调查取证申请书　股票
13115　调查取证申请书　房屋
13119　调查取证申请书　公积金
13982　调查取证申请书　向申请法院

80.3.3.2　鉴定、评估

13108　笔迹鉴定申请书
13389　司法鉴定申请书　因果关系
13110　录音证据司法鉴定申请书
14441　鉴定申请书　盖章打印顺序
13107　股权价值评估申请书　向法院提交
6262　鉴定申请书　货物质量鉴定
13106　房产评估申请书　向法院提交
6243　申请返还鉴定费申请书

80.3.3.3 举证、出庭

6425 申请书 申请书证提出命令
13386 鉴定人出庭申请书 民事诉讼
6143 证人出庭作证申请书
6231 申请书 用于申请具有专门知识的人出庭用
13111 延期举证申请书

80.3.4 保全相关申请

含财产保全、行为保全，不含证据保全。

6234 诉前财产保全申请书
4695 诉讼财产保全申请
13105 财产保全申请书 保全股权
6252 人身安全保护申请书
5844 诉前停止侵害专利权申请书
6260 解除财产保全申请书
5390 担保书 案外人为诉讼保全提供担保
14368 财产保全置换申请书
9575 财产保全反担保申请书
5026 继续查封申请书
11386 财产保全裁定异议申请书
6276 复议申请书 撤销人身保护令裁定
6238 复议申请人 针对驳回人身安全保护令裁定

80.3.5 向法院递交的其他文本

6229 申请书 用于证明判决或者裁定书发生法律效力
13614 退费申请书 申请法院退诉讼费
6253 缓交、减交、免交诉讼费申请书
6250 声明书 社会组织声明无犯罪记录
7527 意见书 支持起诉单位提交书面意见用
13842 协助抚养孙子女意愿书 向法院提交

9893　受托人在诉讼代理中不收取报酬的承诺书
13091　居住证明　物业　居委会　派出所
6434　送达地址确认书　当事人填写

80.3.6　向其他机关递交的申请

5544　伤残鉴定申请书
8687　医疗事故鉴定申请书
13912　行政调解申请书　河南省 2017 版
8724　民事诉讼监督申请书
7339　交通事故损害赔偿调解申请书
13103　异议登记申请书　向房管局提交
13384　查阅复制病历资料要求书

80.4　答辩意见、答辩状

9608　民事答辩状　合同纠纷
13101　民事答辩状　离婚纠纷
9638　民事答辩状　侵权纠纷
12972　答辩意见书　针对管辖异议

80.5　代理意见、代理词

3700　代理词　代理意见　通用　空白模板
8673　劳动争议案件代理词　格式模板
13151　离婚案件代理词
13095　夫妻财产及债权债务清单　提交法院

80.6　二审相关文书

6419　民事上诉状　合同纠纷

2634 民事上诉状 一般通用

13102 民事上诉状 离婚纠纷

80.7 再审、申诉相关文书

8106 再审申请书 民事

80.8 农村土地承包经营纠纷调解仲裁

根据《农村土地承包经营纠纷调解仲裁法》进行的调解仲裁相关文本。

13681 农村土地承包经营纠纷仲裁法律文书全套 农业部 2016 版

行政复议、诉讼

包括仲裁诉讼中的各类文书以及非诉讼业务中的律师函、法律意见书等。

- 行政复议 / 260
  - 复议申请
  - 其他申请
  - 答辩状
- 行政诉讼 / 261
  - 起诉状
  - 上诉状
  - 答辩状
  - 证据相关申请
  - 其他申请
  - 代理意见、法律意见
  - 再审
- 商标争议 / 262
  - 商标异议
  - 商标复审
  - 商标行政诉讼

81.1 行政复议

不含商标类行政争议。

81.1.1 复议申请

5184 行政复议申请书 请求撤销房屋征收决定

10658 政府信息公开申请书 申请表 三个范本

5186 道路交通事故认定复核申请书

4888 行政复议申请书 不服工伤认定

81.1.2 其他申请

13944 停止执行申请书 复议中申请停止执行用

13945 行政复议听证申请书

13949 撤回行政复议申请书

81.1.3 答辩状

13941 行政复议答辩状 药监局
13940 行政复议答辩状 劳动争议

81.2 行政诉讼

81.2.1 起诉状

13959 行政起诉状
13962 行政起诉状 不服工伤认定 含内容
13966 行政起诉状 诉公安局限制人身
13963 行政起诉状 强拆广告牌

81.2.2 上诉状

14008 行政上诉状 工伤认定案件
13976 裁定驳回起诉上诉状 裁定驳回起诉时使用

81.2.3 答辩状

14000 行政诉讼答辩状 被告 工伤
14009 行政二审答辩状 工伤认定

81.2.4 证据相关申请

14003 笔迹鉴定申请书
14004 重新鉴定申请书 申请重新鉴定
14007 鉴定人员出庭申请书
14005 勘验申请书
14006 重新勘验申请书 申请重新勘验用

81.2.5 其他申请

13986 延期举证申请书 申请延期举证用
13973 不公开审理申请书

13997 解除财产保全申请书
13984 证人出庭申请书 申请证人出庭用
13983 复议申请书 不予准许申请调取证据时使用
13988 复议申请书 不予准许一并审理民事争议
8139 停止执行行政行为申请书
8141 不公开审理申请书 行政诉讼
13970 缓（或减、免）交诉讼费申请书
13985 保全证据申请书 申请保全证据用
13994 先予执行裁定复议申请书
8137 撤诉申请书 行政诉讼
13995 停止执行申请书 申请停止执行
13996 公民财产保全申请书 申请财产保全
13971 参加诉讼申请书
13992 先予执行申请书 申请先予执行
14001 撤诉申请书
13989 申请书 单独请求一并审查规范性文件
13998 财产保全裁定复议申请书
1518 诉讼财产保全申请书 行政诉讼
13991 回避复议申请书
13987 申请书 单独申请一并审理民事争议
13990 回避申请书

81.2.6 代理意见、法律意见

14002 原告律师代理意见 强拆广告牌

81.2.7 再审

14010 再审申请书 行政诉讼

81.3 商标争议

未包括：知识产权权属侵权纠纷类文本（249 页）

81.3.1 商标异议

10557 商标异议申请书 商标局 2017 版

10554 撤销连续三年不使用注册商标申请书

81.3.2 商标复审

10541 商标评审代理委托书 样式 商标局 2017 版

10544 撤销注册商标复审申请书 正文样式 商标局 2017 版

10545 商标不予注册复审申请书 正文样式 商标局 2017 版

3641 驳回商标注册申请复审申请书

10538 商标评审案件答辩材料目录 参考样式 商标局 2017 版

10549 商标不予注册复审申请书 首页 商标局 2017 版

10543 注册商标无效宣告复审申请书 正文样式 商标局 2017 版

10536 商标评审案件证据目录 参考样式 商标局 2017 版

10548 注册商标无效宣告复审申请书 首页 商标局 2017 版

10539 商标评审案件申请材料目录 参考样式 商标局 2017 版

10540 撤回商标评审申请书 样式 商标局 2017 版

10542 注册商标无效宣告申请书 正文样式 商标局 2017 版

10551 驳回商标注册申请复审申请书 首页 商标局 2017 版

10546 驳回商标注册申请复审申请书 正文样式 商标局 2017 版

10547 注册商标无效宣告申请书 首页 商标局 2017 版

10550 撤销注册商标复审申请书 首页 商标局 2017 版

81.3.3 商标行政诉讼

13965 行政起诉状 商标争议

刑事诉讼

- 一般申请、意见 / 264
- 程序类申请 / 264
- 证据类申请 / 265
- 刑事自诉 / 265
- 刑事附带民事 / 266
- 其他文书 / 266
- 强制措施相关申请 / 266

82.1 一般申请、意见

555 刑事上诉状

6148 刑事抗诉申请书

6160 控告状 控诉刑事犯罪

559 立案监督请求书

557 刑事申诉状

9223 纠正阻碍律师行使诉讼权利违法行为申诉书 控告信

549 不服不起诉决定申诉书

9224 纠正违法行为申诉书 控告信

558 减刑假释申请书

9220 要求听取律师意见的函

556 辩护词 刑事案件

82.2 程序类申请

5563 会见在押犯罪嫌疑人申请书 涉及国家秘密案件用

5574 延期审理申请书 刑事案件

9227 召开庭前会议的申请书

9221 对驳回申请回避决定的复议申请书
9229 要求二审开庭审理函
9225 主持和解程序申请书
9219 管辖异议书 刑事
9231 适用普通程序建议书
9228 适用简易程序的建议书
8130 回避申请书 刑事
9230 不公开审理申请书 刑事

82.3 证据类申请

5566 提请收集、调取证据申请书
5567 调查取证申请书 刑事案件
5570 通知证人出庭申请书
5576 重新鉴定 勘验申请书 刑事案件
6146 排除非法证据申请书
13385 鉴定人出庭申请书 刑事诉讼
9232 举报 控告侦查人员以非法方法收集证据的函
13118 调查取证申请书 开房记录
9226 重新做鉴定 勘察 检查 提取 / 侦查实验的申请书

82.4 刑事自诉

6092 刑事自诉状 侵占罪
13358 刑事自诉状 重婚罪
8125 刑事答辩状
8128 刑事反诉状
8132 刑事撤诉申请书

82.5　刑事附带民事

6152　刑事附带民事起诉状
6156　刑事附带民事上诉状

82.6　其他文书

6095　侦查阶段刑事谅解书
6125　审判阶段刑事谅解书
9217　律师会见在押服刑人员专用介绍信
12656　侦查阶段律师会见笔录　带说明
6094　刑事和解协议　附谅解书
9218　律师事务所刑事申诉代理函
8607　律师会见笔录

82.7　强制措施相关申请

5572　解除强制措施申请书　刑事案件
6120　取保候审申请书　家属版
6123　取保候审申请书　律师版
12445　羁押必要性审查申请书　刑事案件
9222　变更强制措施申请书

劳动人事仲裁

仅限于劳动人事仲裁阶段文书，不含进入法院诉讼阶段后的文书以及强制执行阶段文书。
未包括：民事诉讼（含劳动争议）类文书（245 页）

- 仲裁申请、实体类申请 / 267
- 程序类文书、其他申请 / 267
- 证据类申请 / 268
- 答辩状 / 268
- 其他文书 / 268

83.1 仲裁申请、实体类申请

4694 劳动争议仲裁申请书 员工申请仲裁
4841 劳动仲裁申请书 用人单位申请仲裁
10494 劳动仲裁反申请书 用人单位反申请
4845 劳动争议仲裁申请书 劳务派遣
4844 变更仲裁请求申请书 劳动仲裁
4850 部分裁决与先予执行申请书
4865 人事争议仲裁申请书

83.2 程序类文书、其他申请

8320 代表人推举及授权委托书 劳动人事争议
5404 变更代理人申请书 劳动仲裁
8354 鉴定人出庭申请书 劳动人事争议
8347 追加当事人申请书 劳动人事争议
8342 参加仲裁活动申请书 劳动人事争议
8306 调解申请书 劳动人事争议

8336 撤回调解申请书
4606 管辖权异议申请书 劳动仲裁阶段
8323 调解异议书 劳动人事争议
8358 延期开庭申请书 劳动人事争议

83.3 证据类申请

8355 专业人员出庭申请书 劳动人事争议
8348 调查取证申请书 劳动人事争议
8357 重新勘验申请书 劳动人事争议
8350 不予调查取证复议申请书 劳动人事争议
8352 延期举证申请书 劳动人事争议

83.4 答辩状

4864 答辩状 劳动仲裁

83.6 其他文书

8293 协商邀请书 劳动人事争议
8304 和解协议书 劳动人事争议
4698 劳动争议仲裁立案材料清单 劳动者申请仲裁
13380 劳动能力再次鉴定申请书 工伤
4852 劳动争议仲裁立案材料清单 用人单位申请仲裁
4854 解除劳动关系通知书 员工通知单位被迫解除
4105 劳动监察投诉书 填写样式参考

商事仲裁

未包括：农村土地承包经营纠纷调解仲裁类文本（259 页）、劳动人事仲裁类文本（267 页）

- 仲裁协议 / 269
- 仲裁申请 / 269
- 答辩、代理意见 / 269
- 其他仲裁文书 / 269

84.1 仲裁协议

4796 仲裁协议

84.2 仲裁申请

4778 国内商事仲裁申请书 买卖合同纠纷
8200 仲裁反请求书 商事仲裁
4776 国内商事仲裁反申请书 施工合同纠纷
4823 变更仲裁请求申请书

84.3 答辩、代理意见

11993 答辩书 仲裁委员会 2006 版
8199 商事仲裁答辩状 空白模板
4837 法律意见 提交仲裁委

84.4 其他仲裁文书

未包括：劳动人事仲裁类文本（267 页）、农村土地承包经营纠纷调解仲裁类文

本（259 页）

5405　变更代理人申请书　商事仲裁

4833　财产保全申请书　商事仲裁

14461　关于约定仲裁庭组成方式及选定仲裁员的函　简易程序使用

强制执行

- 民事案件强制执行 / 271
  - 申请强制执行
  - 执行措施
  - 执行异议
  - 担保、和解
- 行政案件强制执行 / 272

85.1 民事案件强制执行

85.1.1 申请强制执行

8119 强制执行申请书 通用版
10495 强制执行申请书 执行法院判决
5002 强制执行申请书 公证债权文书
4998 强制执行申请 执行商事仲裁裁决
4853 强制执行申请书 执行劳动仲裁裁决
14463 实现担保物权执行申请书
12683 申请书 请求法院移送其他法院强制执行
5384 提级执行申请书
14451 变更申请执行人申请书
3614 执行主体变更申请书
12682 申请书 追加被执行人
14452 恢复强制执行申请书
14465 参与分配申请书

85.1.2 执行措施

5218 执行措施申请书 要求法院发出协助执行通知
5220 申请书 要求限制出境、限制消费措施
5222 申请书 要求评估拍卖
5223 申请书 要求查封银行账号

5224　申请书　要求参与房产拍卖款分配
12677　执行措施申请　请求法院悬赏执行
12680　申请书　申请法院支付执行款
5030　申请书　将被执行人纳入失信名单
13422　使用网络执行查控系统查询被保全人财产线索申请书
12659　请求法院办理协助执行的申请书

85.1.3　执行异议

14456　执行异议申请书
5391　案外人执行异议申请书
5396　执行异议书　对财产分配方案提出异议
6422　执行异议复议申请书
5023　执行异议申请书　解除执行措施

85.1.4　担保、和解

10292　执行和解协议　丙方担保与还款
3273　执行和解合同
10293　执行担保保证书

85.2　行政案件强制执行

8670　执行具体行政行为申请书　房屋拆迁
8668　强制执行申请书　执行行政判决

国家赔偿

● 国家赔偿申请 / 273

86.1 国家赔偿申请

8156 行政赔偿申请书

13886 国家赔偿申请书 向人民法院申请国家赔偿用 最高人民法院 2012 版

13887 国家赔偿申请书 向人民法院赔偿委员会申请国家赔偿用 最高人民法院 2012 版

8133 刑事赔偿申请书

和解赔偿

- 民事案件 / 274
- 劳动争议 / 274
- 人民调解文书 / 274

87.1 民事案件

454 财产损害赔偿协议
3507 交通事故和解协议 两种版本
7528 医疗纠纷调解协议
456 人身伤害事故和解协议 两种版本

87.2 劳动争议

4684 和解协议 劳动争议仲裁 诉讼中

87.3 人民调解文书

依据《人民调解法》进行调解所使用文书。

5086 申请书 请求确认人民调解协议效力
5097 申请书 请求确认人民调解协议效力
5099 人民调解委员会文书全套 含人民调解申请书
13318 律师调解试点工作相关文本

·微信扫码——搜合同——输入编号
·打开网址 www.fatianshi.cn/D 编号

非诉讼、律师服务文书

律师提供法律服务过程中，向客户、当事人提供的非诉讼服务文书、沟通材料，包括与诉讼案件有关的、与客户沟通的文书。

- 律师函 / 275
- 法律意见书 / 276
  - 股份公司上市
  - 债券
  - 资产证券化
  - 收购、并购、投资
  - 国有股权、国有资产处置
  - 股东大会
  - 基金设立、登记
  - 仲裁、诉讼案件
  - 其他非诉讼事务
- 尽职调查清单 / 277
- 尽职调查报告 / 277
- 律师见证 / 277
- 法律服务方案、代理方案 / 278
- 律师与客户沟通材料 / 278
  - 一般通用类
  - 诉讼业务相关
  - 非诉讼业务相关

88.1 律师函

5598 律师函 解除房屋买卖合同

10955 关于立即删除侵犯名誉权网页的 法律告知函

4611 履行合同催告函 要求改正

12727 律师函 通知解除房屋租赁

14389 网站律师声明

12731 律师函 要求支付租金

8635 律师函 商标侵权

8640 律师函 网站删帖

13291 要求删除或断开链接侵权网络内容的通知 国家版权局 2007 版

4700 律师函 催款
12729 律师函 限期腾退商铺
8634 律师函 信用卡催收
12678 律师函 要求建设部取消或降低某施工企业资质
10624 律师函 关于要求立即停止互联网侵权行为
13846 律师函 著作权侵权

88.2 法律意见书

88.2.1 股份公司上市

7341 关于股份有限公司 A 股公募增发与上市的法律意见书
7458 新三板挂牌法律意见书

88.2.2 债券

10980 公司债券发行的法律意见书

88.2.3 资产证券化

10287 律师事务所关于证券股份有限公司设立资产支持专项计划之法律意见书

88.2.6 收购、并购、投资

7566 公司股权并购事宜法律意见书
4982 法律意见书 境外收购

88.2.7 国有股权、国有资产处置

7340 关于股份有限公司部分国有股权转让的法律意见书
12576 国有产权转让法律意见书

88.2.8 股东大会

5603 法律意见书 股东大会

88.2.9 基金设立、登记

12653 专项法律意见书 私募基金管理人重大事项变更 详细版
10984 法律意见书 私募基金管理人登记
13209 律师办理私募基金登记法律意见书业务全套文本

88.2.10 仲裁、诉讼案件

5600 法律意见书 诉讼案件

88.2.11 其他非诉讼事务

4124 合同审查法律意见书
12903 法律意见书 网络借贷信息中介机构备案

88.3 尽职调查清单

10380 尽职调查文件清单 互联网公司投资
12758 私募尽调问题清单 最完整版 2018 版
6802 公司实际控制人基本情况调查表
12319 法律尽职调查资料清单 私募基金投资
10147 尽职调查清单 首次公开发行股票 IPO 表格版

88.4 尽职调查报告

9545 尽职调查报告 股权转让
10402 并购项目尽职调查报告
10162 改制上市尽职调查报告

88.5 律师见证

10398 律师遗嘱见证业务全套材料

10143　委托办理房产证律师见证全套手续　三个文本

88.6　法律服务方案、代理方案

律师、律所向客户提交的法律服务、案件代理方案。

9676　律师代理方案　政府项目

5350　常年法律顾问服务方案

9675　法律服务代理方案　金融借款合同纠纷

9506　代理服务方案　违约　土地开发

88.7　律师与客户沟通材料

律师提供给客户的材料。

未包括律师向客户提供的合同、律师函、法律意见等正式文书，未包括授权委托材料。

88.7.1　一般通用类

5342　法律服务费用清单　计时收费

13885　律师办案（差旅）费用清单

5242　律师事务所利益冲突查证函

9348　律师费请款函

12655　律师费交费通知　律所通知客户

88.7.2　诉讼业务相关

13088　婚姻家庭律师常用文本全套

5324　劳动争议裁决的分析与后续安排　邮件模板

5327　一审判决分析与后续安排　邮件模板

5328　二审判决分析与后续安排　邮件模板

5321　案件初步分析与报价　邮件模板

4071 委托手续清单 律师发给个人客户
4074 委托手续清单 律师发给单位客户
4072 劳动争议案件情况登记表 劳动者
4094 劳动争议法院一审立案材料清单 用人单位
4095 劳动争议法院一审立案材料清单 劳动者
8672 劳动争议二审上诉材料清单 用人单位

88.7.3 非诉讼业务相关

4555 企业人力资源法律风险评估及工作安排
13906 律师保密承诺函
7343 合同法律风险调查问卷
4556 企业劳动法律风险调查表 样板

委托律师手续

未包括：委托律师服务合同类文本（85 页）

- 授权手续、所函、介绍信等（交司法机关）/ 280
  - 撤销、变更委托
  - 一般通用、民事
  - 刑事
  - 劳动仲裁
  - 商事仲裁
  - 强制执行
  - 其他授权材料
  - 行政复议 / 诉讼

89.1 授权手续、所函、介绍信等（交司法机关）

提交给法院、仲裁委等司法机关的文书，包括变更、解除授权相关文书。

89.1.1 撤销、变更委托

13124 撤销授权委托声明　提交法院
5247 撤销委托通知　当事人通知法院
5249 撤销委托通知　律师通知法院
12995 撤销与变更代理人通知　当事人通知法院

89.1.2 一般通用、民事

2643 授权委托书　法人或者其他组织委托诉讼代理人用
2642 授权委托书　公民委托诉讼代理人用
8775 起诉授权书　商标侵权
9855 授权委托书　民事诉讼　选择版
5238 法定代表人身份证明书　详细版
10921 授权委托书　一般　权限较少
1521 行政诉讼授权委托书
2644 推荐函　推荐委托诉讼代理人用

4682 法定代表人身份证明书 通用简单版
5234 律师事务所所函 法院
4683 授权委托书 法院 劳动仲裁通用
9524 授权委托书 破产债权
10920 授权委托书 特殊 有权和解
14432 授权委托书 申请再审使用
14429 授权委托书 诉讼使用
7524 主要负责人身份证明书 其他组织

89.1.3 刑事

13125 撤销授权委托声明 变更部分代理人
5550 律师事务所所函 刑事案件
5551 律师事务所所函 刑事辩护
5556 刑事案件授权委托书 交检察院
5559 刑事案件授权委托书 交法院
12357 接受指定辩护函
9213 律师事务所诉讼代理函
13864 解除委托声明书 刑事
9214 刑事辩护委托书
5553 刑事案件授权委托书 侦查阶段
12356 律师会见三类特殊案件在押犯罪嫌疑人的函
5560 律师会见在押犯罪嫌疑人 被告人专用介绍信

89.1.4 劳动仲裁

5236 律师事务所所函 劳动仲裁
8360 法定代表人或主要负责人身份证明书 劳动人事争议

89.1.5 商事仲裁

5235 律师事务所所函 商事仲裁
14460 律师事务所所函 商事仲裁
11989 授权委托书 仲裁委员会 2004 版

6379 授权委托书 自然人使用 北仲版
6381 授权委托书 法人或其他组织使用 北仲版

89.1.6 强制执行

9367 授权委托书 申请执行人
14431 授权委托书 变更申请执行人使用
14430 授权委托书 申请执行使用

89.1.7 其他授权材料

10627 授权委托书 授权协助追债
3703 催收授权书 委托外部催收机构催收
1234 法定代表人证明书 工商局范本
12001 法律援助申请委托书 司法部 2013 版
4102 劳动监察授权委托书 举报投诉

89.1.8 行政复议 / 诉讼

13934 委托书 单位 一般授权和特别授权
13978 律所函 调查取证
14013 变更代理人告知函 行政诉讼
13933 委托书 个人 一般授权和特别授权
13977 被上诉人律所函
13969 律所函 当事人是原告
13968 律所函 当事人是被告

政府示范合同文本目录

说明：

一、本目录尽可能的收集整理了所有公开渠道、网站上的各级政府机关发布的示范合同、示范文本。但仍难免有遗漏或错误，欢迎提供补充与意见（联系邮箱：CCD@fatianshi.cn）。

二、本目录中的文本以示范合同为主，同时包括少量政府机关发布的章程、制度等非合同类示范文本，并包括部分行业协会、交易所等非政府机关发布的具有示范意义的合同文本。

三、不少政府示范文本由多家机构联合发布，在本目录中归类在主管的国家机关下面（一般为正式通知上的第一个国家机关）。

四、2018 年国务院机构改革涉及多个部门调整，但本目录中所列国家机关名称仍以 2018 年改革之前的名称为准。请谅解。

五、政府机构网站上发布政府示范文本的原链接在一段时间之后可能会失效、原网页被删除，但不影响在中国合同库网站上的使用。请理解。

六、部分机构的下属单位发布的文本也归类在了上级机构名下。请谅解。

七、某省（自治区、直辖市）省级机关（如省工商局）发布的文本归于该省名下，某市级机关（如市工商局）发布的文本归于该市名下。

八、考虑到适用性问题，2008 年前发布的部分示范文本未再收录。请谅解。

本次示范文本收集截止时间为：2018 年 10 月 15 日。

·微信扫码——搜合同——输入编号
·打开网址 www.fatianshi.cn/D 编号

中央国家机构（含部分交易所）/ 286

- 国家工商行政管理总局 / 286
- 住房和城乡建设部 / 286
- 教育部 / 287
- 科学技术部 / 287
- 民政部 / 287
- 司法部 / 288
- 财政部 / 288
- 国土资源部 / 288
- 交通运输部 / 288
- 农业部 / 288
- 商务部 / 288
- 国务院国有资产监督管理委员会 / 289
- 国家质量监督检验检疫总局 / 289
- 国家新闻出版总署（国家版权局）/ 289
- 国家体育总局 / 289
- 国家安全生产监督管理总局 / 289
- 国家林业局 / 289
- 国家知识产权局 / 289
- 国家旅游局 / 289
- 中国证券监督管理委员会 / 290
- 国家能源局 / 290
- 国家测绘局 / 290
- 国家文物局 / 290
- 国家邮政局 / 290
- 证券交易所 / 290
- 各产权交易所 / 290

地方政府 / 291

- 北京市 / 291
- 上海市 / 296
- 天津市 / 302
- 重庆市 / 303
- 广西壮族自治区 / 304
- 内蒙古自治区 / 304
- 西藏自治区 / 304
- 新疆维吾尔自治区 / 304
- 河北省 / 304
- 山东省 / 305
- 辽宁省 / 306
- 黑龙江省 / 307
- 吉林省 / 308
- 甘肃省 / 308
- 河南省 / 308
- 江苏省 / 308
- 湖北省 / 312
- 湖南省 / 313
- 江西省 / 314
- 浙江省 / 315
- 广东省 / 317
- 云南省 / 322
- 福建省 / 322
- 海南省 / 323
- 山西省 / 324
- 四川省 / 324
- 陕西省 / 326
- 贵州省 / 326
- 安徽省 / 327

中央国家机构（含部分交易所）

国家工商行政管理总局

未包括其他机构与工商总局联合发布的文本。

4549　汽车买卖合同　新车　工商总局 2015 版
13832　二手车买卖合同　工商总局 2015 版
4402　柜台租赁经营合同　工商总局 2013 版
13347　水泥买卖合同　工商总局 2008 版
12985　建材买卖合同　工商总局 2008 版
12989　木材买卖合同　工商总局 2008 版
13696　保管合同　工商总局 2000 版
13710　行纪合同　填空版　工商总局 2000 版
13638　商品代销合同　工商总局 2000 版

住房和城乡建设部

13684　建设工程咨询服务合同　征求意见稿　住建部 2018 版
10777　建设工程施工合同　住建部 2017 版
4427　建设工程勘察合同　住建部 2016 版
4417　建设工程设计合同　专业建设工程　住建部 2015 版
4397　建设工程造价咨询合同　住建部 2015 版
4413　建设工程设计合同　房屋建筑工程　住建部 2015 版
14219　商品房买卖合同　预售　住建部 2014 版
14650　商品房买卖合同　现售　住建部 2014 版
14139　建设工程监理合同　住建部 2012 版
14138　房屋工程建筑质量保修书　住建部 2007 版
13794　城镇供热特许经营协议　住建部 2006 版
13795　城市污水处理特许经营协议　住建部 2006 版
4540　投标委托保证合同　保证人与被保证人签署　住建部 2005 版
4453　总承包商付款（供货）委托保证合同　住建部 2005 版

4446 总承包商付款（分包）委托保证合同 住建部 2005 版
4441 业主支付委托保证合同 住建部 2005 版
4380 承包商履约委托保证合同 住建部 2005 版
12143 建设工程招标代理合同 住建部 2005 版
11862 城市管道燃气特许经营协议 住建部 2004 版
11852 城市供水特许经营协议 住建部 2004 版
5354 城市生活垃圾处理特许经营协议 住建部 2004 版
14637 建设工程施工专业分包合同 住建部 2003 版
14136 建设工程施工劳务分包合同 住建部 2003 版

教育部

12253 自费出国留学中介服务合同 教育部 2016 版
4420 少数民族博士研究生（非在职考生）定向协议书 教育部 2016 版
4485 少数民族人才计划硕士研究生（非在职考生）定向协议书 教育部 2016 版
4426 少数民族在职考生计划博士研究生定向协议书 教育部 2016 版
4459 少数民族高层次骨干人才计划硕士研究生（在职考生）定向协议书 教育部 2016 版
4456 教育部科学技术研究项目任务合同书 教育部 2013 版

科学技术部

9177 技术开发（合作）合同 科技部 2001 版
9176 技术开发（委托）合同 科技部 2001 版
9173 技术转让（技术秘密）合同 科技部 2001 版
9178 技术转让（专利实施许可）合同 科技部 2001 版
9171 技术咨询合同 通用填空版 科技部 2001 版
9166 技术服务合同 科技部 2001 年版
9149 技术转让（专利申请权）合同 科技部 2001 版

民政部

8641 社会团体章程 民政部 2018 版
12251 养老机构服务合同 民政部 2016 版

4366 中国福利彩票代销合同 民政部 2012 版

司法部

11987 委托代理 / 辩护协议 司法部 2013 版

财政部

4374 新建内河示范船协议书 财政部 2015 版

4433 内河船型标准化船舶拆解改造协议书 政府补贴 财政部 2015 版

4511 外国政府贷款项目转贷协议 财政部 2011 版

国土资源部

12177 国有建设用地使用权出让合同 国土资源部 2008 版

4494 中央地质勘查基金项目勘查合同书 国土资源部 2009 版

14933 中央地质勘查基金合作勘查投资合同书 试行 国土资源部 2010 版

14934 中央地质勘查基金合作勘查追加投资合同书 试行 国土资源部 2008 版

交通运输部

12252 机动车驾驶培训先学后付、计时收费模式服务合同 交通运输部 2016 版

农业部

13641 生鲜乳购销合同 农业部 2016 版

10528 农村土地（耕地）承包合同 农业部 2015 版

4445 农业机械维修合同 农业部 2008 版

4430 农机社会化服务作业合同 农业部 2007 版

13871 农民专业合作社章程 农业部 2007 版

商务部

4362 家政服务合同 商务部 2014 版

4520 家政服务合同 员工制范本 商务部 2014 版

4529 家政服务合同 中介制 商务部 2014 版

4558 技术出口合同 商务部 2007 版

4424 技术进口合同 CIF 条件的成套设备 商务部 2007 版

国务院国有资产监督管理委员会

14670 产权交易合同 国资委监制版

国家质量监督检验检疫总局

14633 设备监理合同 质检总局 2010 版

国家新闻出版总署（国家版权局）

13291 要求删除或断开链接侵权网络内容的通知 国家版权局 2007 版
11903 图书出版合同 国家版权局 1999 版

国家体育总局

14077 乒乓球运动员标准合同 体育总局乒羽中心 2013 版
6445 国家队运动员商业开发合同 体育总局 2006 版

国家安全生产监督管理总局

4399 非煤矿山外包工程安全生产管理协议 安全监管总局 2014 版
4394 烟花爆竹安全买卖合同 简单填空版 安全监管总局 2012 版

国家林业局

4547 集体林权流转合同 林业局 2014 版
4543 集体林地承包合同 林业局 2014 版

国家知识产权局

4379 专利权质押合同 知识产权局 2009 版

国家旅游局

4447 境内旅游组团社与地接社合同 旅游局 2014 版
4443 团队出境旅游合同 旅游局 2014 版
4452 大陆居民赴台湾地区旅游合同 旅游局 2014 版
4431 团队境内旅游合同 旅游局 2014 版
12166 中国公民出境旅游合同 旅游局 2007 版

中国证券监督管理委员会

8632 上市公司章程指引 证监会 2016 版

国家能源局

4530 光伏电站购售电合同 能源局 2014 版
4538 光伏电站并网调度协议 能源局 2014 版
4532 风力发电厂并网调度协议 能源局 2014 版
4381 天然气购销合同 大客户 能源局 2014 版
4522 风力发电厂购售电合同 能源局 2013 版

国家测绘局

4416 测绘合同 国家测绘局 2000 版

国家文物局

4385 民办博物馆章程 文物局 2012 版

国家邮政局

4512 快递行业特许经营（加盟）合同 邮政局 2011 版

证券交易所

11793 上海证券交易所股票期权试点经纪合同
7016 深圳证券交易所公司债券上市协议
7015 深圳证券交易所可转换公司债券上市协议
7012 深圳证券交易所权证上市协议
7011 深圳证券交易所上市开放式基金上市协议
7010 深圳证券交易所中小企业板块证券上市协议

各产权交易所

14666 国有产权交易合同 浙江产权交易所 2017 版
14668 产权交易合同 非股权类 西南联合产权交易所 2016 版
14667 产权交易合同 股权类 西南联合产权交易所 2016 版

14669　国有产权交易服务合同　适用于转让方　西南联合产权交易所 2013 版
8689　产权交易合同　整体产权或控股股权转让　北京产权交易所 2011 版
8711　北京产权交易所非国有产权交易合同

地方政府

北京市

有限公司设立、股权转让、增资

11829　中外合作公司合同　北京市 2013 版
11827　中外合资公司合同　北京市 2013 版

其他特殊主体

12795　北京市密云区学校章程　北京市 2012 版

买卖转让

13360　北京市存量房屋买卖合同　北京市 2018 版
13873　北京市蜂产品收购合同　北京市 2017 版
4742　北京市汽车买卖合同　北京市 2015 版
4744　北京市草莓买卖合同　北京市 2011 版
4885　北京市建筑工程防水材料采购合同　北京市 2009 版
11117　北京市建筑工程塑料管材管件采购合同　北京市 2009 版
4878　北京市建筑工程门窗采购合同　北京市 2009 版
4881　北京市建筑工程建筑砂浆采购合同　北京市 2009 版
4811　北京市蔬菜种植收购合同　北京市 2009 版
4800　北京市甘薯种植收购合同　北京市 2009 版
4764　北京市西瓜种植收购合同　北京市 2007 版
11180　北京市旧货买卖合同　北京市 2007 版
4749　北京市农业机械配件买卖合同　北京市 2007 版
4754　北京市饲料定购合同　北京市 2006 版

4758 北京市种子繁育收购合同　北京市 2006 版
4746 北京市活牛养殖收购合同　北京市 2006 版
4760 北京市豆类种植收购合同　北京市 2006 版
4752 北京市农作物种子代销合同　北京市 2006 版
4769 北京市肉类供货合同　北京市 2006 版
4750 北京市食用菌菌棒定购合同　北京市 2006 版
13205 北京市商品代销合同　商超进货类　北京市 2005 版
11095 北京市商品购销合同　商超进货类　北京市 2005 版
4805 北京市种养产品收购合同　北京市 2005 版
4803 北京市混凝土外加剂买卖合同　北京市 2005 版
4884 北京市预拌混凝土买卖合同　北京市 2005 版
4721 北京市建材买卖合同　布艺类　北京市 2004 版
4729 北京市建材买卖合同　墙地砖类　北京市 2004 版
4728 北京市建材买卖合同　橱柜订购类　北京市 2004 版
4725 北京市建材买卖合同　卫浴洁具类　北京市 2004 版
4761 北京市肥料买卖合同　北京市 2004 版
4756 北京市农药买卖合同　北京市 2004 版
11118 北京市食品（成品）买卖合同　北京市 2003 版
4755 北京市豆制品入市场厂挂钩合同　北京市 2003 版
4759 北京市茶叶买卖合同　北京市 2003 版
4770 北京市旧机动车买卖合同　北京市 2002 版
4765 北京市农作物种子买卖合同　北京市 2000 版

租赁

11183 北京市汽车租赁合同　北京市 2015 版
4815 北京市建筑施工设备服务合同　塔式起重机和施工升降机版　北京市 2015 版
4737 北京市液化石油气钢瓶租赁合同　北京市 2010 版
4782 北京市建筑施工机械租赁合同　北京市 2008 版
4745 北京市房屋租赁合同　自行成交版　北京市 2008 版

4825 北京市市场场地租赁保证金合同 北京市 2002 版
11306 北京市市场场地租赁合同 北京市 2002 版
4753 北京市猪肉入市场厂挂钩合同 北京市 2002 版
4834 北京市租赁合同 北京市 2001 版

承揽、劳务、服务

13206 北京市家居定作合同 北京市 2017 版
13874 北京市餐饮服务单位餐厨垃圾收集运输服务合同 北京市 2017 版
4846 北京市非居民生活垃圾收集运输服务合同 北京市 2014 版
4768 北京市餐厨废弃油脂收集运输服务合同 北京市 2012 版
4793 北京市房屋建筑安全评估合同 北京市 2011 版
4678 北京市休闲健身行业预付费服务交易合同 北京市 2011 版
12040 北京市律师服务收费合同必备条款 北京市 2010 版
12016 北京市婚纱摄影服务合同 北京市 2009 版
4751 北京市汽车维修合同 北京市 2009 版
11909 北京市承揽合同 北京市 2008 版
12025 北京市电梯日常维护保养合同 北京市 2008 版
4674 北京市婚礼服务合同 北京市 2007 版
4738 北京市订餐服务合同 北京市 2007 版
4780 北京市农业机械维修合同 北京市 2007 版
11803 北京市艺术品委托拍卖合同 北京市 2007 版
4819 北京市家政服务合同 员工管理全日制类 北京市 2006 版
4816 北京市洗染服务合同 北京市 2006 版
11798 北京市委托合同 北京市 2001 版
4817 北京市加工合同 北京市 2001 版
11859 北京市仓储合同 北京市 2001 版
4826 北京市保管合同 北京市 2001 版
4829 北京市委托拍卖合同 北京市 2000 版

中介、居间推广、行纪

13746 北京市存量房屋承购经纪服务合同 北京市 2018 版

13745　北京市存量房屋出售经纪服务合同　北京市 2018 版
13689　北京市房屋出租委托代理合同　北京市 2008 版
4740　北京市房屋出租居间合同　北京市 2008 版
4727　北京市房屋租赁合同　经纪机构居间成交版　北京市 2008 版
4587　北京市房屋租赁合同　经纪机构代理成交版　北京市 2008 版
4783　北京市二手车行纪销售合同　北京市 2008 版
4766　北京市食品（成品）代销合同　北京市 2003 版
12024　北京市买卖行纪合同　北京市 2001 版
4840　北京市行纪合同　通用填空版　北京市 2001 版
4806　北京市商品代销合同　北京市 2001 版
4808　北京市居间合同　北京市 2001 版
4736　北京市房屋承租居间合同　北京市 2001 版

知识产权

11907　北京市大型商业零售经营单位知识产权保护合同　供货商、联营商专用　北京市 2010 版
11906　北京市大型商业零售经营单位知识产权保护合同　承租商专用　北京市 2010 版
4733　北京市展会知识产权保护合同　北京市 2009 版
13413　专利实施许可合同　北京市 2009 版

劳动用工

9026　北京市非公企业集体合同　北京市 2008 版
9025　北京市区域性集体合同　北京市 2008 版
11939　集体合同　北京市 2007 版
7855　北京市劳动合同书　北京市 2007 版
9038　北京市劳动合同　非全日制从业人员使用　北京市 2007 版
9035　北京市劳动合同　固定期限　北京市 2007 版
9033　北京市劳动合同书　劳务派遣　北京市 2007 版
9031　北京市劳动合同书　无固定期限　北京市 2007 版
9029　北京市劳动合同　适用于员工制家政服务企业家政服务员　北京市 2007 版

9028 北京市劳动合同 适用于本市房屋建筑与市政基础设施领域建筑施工企业 北京市 2007 版

房地产开发运营

11254 北京市商品房现房买卖合同 北京市 2016 版
4572 北京市商品房预售合同 北京市 2016 版
11699 住宅专项维修资金授权使用协议书 北京市 2011 版
4906 北京市房屋建筑安全鉴定合同 北京市 2011 版
14699 北京市住宅区业主大会议事规则 北京市 2010 版
14700 北京市住宅区首次业主大会会议召开方案 北京市 2010 版
14701 北京市住宅区首次业主大会会议筹备组工作报告 北京市 2010 版
14698 北京市住宅区管理规约 北京市 2010 版
4747 北京市物业服务合同 北京市 2010 版
4734 北京市前期物业服务合同 北京市 2010 版
13658 北京市住宅区临时管理规约制定规范 北京市 2010 版
4731 北京市商品房认购书 北京市 2005 版
14641 北京市政府投资建设项目委托代建合同 北京市 2004 版
11276 房地产面积测绘合同 实测 北京市 2003 版
11275 房产面积测绘合同 预测 北京市 2003 版

建设工程

4875 北京市建设工程施工专业分包合同 北京市 2014 版
4876 北京市建设工程施工专业承包合同 北京市 2014 版
4872 北京市建设工程监理合同 北京市 2014 版
4680 北京市家庭居室装饰装修工程施工合同 北京市 2013 版
4874 北京市民用建筑工程供热计量装置专项合同 北京市 2010 版
4879 北京市房屋建筑和市政基础设施工程劳务分包合同 北京市 2009 版
4891 北京市房屋建筑和市政基础设施工程施工总承包合同 北京市 2008 版
4868 北京市装饰装修工程施工合同 非家庭装修 北京市 2005 版
4786 北京市园林绿化工程施工合同 北京市 2004 版

软件、IT、游戏开发运营

14793 北京市网络商品交易平台服务合同（试行） 北京市 2018 版
11899 北京市计算机信息系统集成服务合同 北京市 2008 版

物流运输

4788 北京市道路货物运输合同 北京市 2006 版

公用事业

12069 北京市居民供用天然气合同 北京市 2016 版
4560 北京市电话通信业务入网服务合同 北京市 2015 版
4828 北京市非居民天然气供用合同 北京市 2012 版
4790 北京市居民供热采暖合同 按面积收费版 北京市 2010 版
11114 北京市瓶装液化石油气供应合同 北京市 2010 版
4802 北京市非居民供热采暖合同 北京市 2010 版
4797 北京市居民供热采暖合同 按热计量计费版 北京市 2010 版
4567 北京市移动电话入网合同 后付费类 北京市 2005 版
4565 北京市固定电话入网合同 后付费类 北京市 2005 版

PPP 及其社会资本合作

11272 新建住宅小区配套养老设施建设协议书 无偿建设移交 北京市 2016 版

农业林业承包经营

4798 北京市农业机械作业服务合同 北京市 2009 版

旅游

12019 北京市出境旅游合同 北京市 2009 版
12023 北京市国内旅游合同 北京市 2009 版

上海市

有限公司设立、股权转让、增资

6803 外资公司章程 / 一人有限责任公司 上海市

6804 外资公司章程 / 非一人有限责任公司 上海市
9181 中外合资公司章程 上海市
9179 中外合作公司章程 上海市
9182 公司合作合同 上海市

其他特殊主体

8660 上海社会团体章程 上海市 2014 版

买卖转让

4929 上海市采暖产品买卖合同 上海市 2016 版
4842 上海市汽车买卖合同 上海市 2014 版
4895 上海市校服采购合同 上海市 2013 版
4890 上海市二手车买卖合同 上海市 2013 版
5022 上海市钢琴买卖合同 上海市 2008 版
4955 上海市煤炭购销合同 上海市 2008 版
5011 上海市建设工程石材供料合同 上海市 2007 版
5063 上海市饲料买卖合同 上海市 2007 版
5080 上海市农药买卖合同 上海市 2007 版
5066 上海市有机肥料买卖合同 上海市 2007 版
5052 上海市饲料添加剂买卖合同 上海市 2007 版
4981 上海市种猪买卖合同 上海市 2007 版
4985 上海市种禽买卖合同 上海市 2007 版
4967 上海市农作物种子买卖合同 上海市 2007 版
4979 农作物种子繁殖制种收购合同 上海市 2007 版
4972 上海市农作物种苗买卖合同 上海市 2007 版
5024 海市禽类产品买卖合同 上海市 2007 版
4997 上海市肉禽买卖合同 上海市 2007 版
4996 上海市瓜果买卖合同 上海市 2007 版
4961 上海市蔬菜买卖合同 上海市 2007 版
4988 上海市稻谷买卖合同 上海市 2007 版
5089 上海市汽配产品购销合同（A、B 版） 上海市 2007 版

5020　上海市微型计算机商品买卖合同　上海市 2006 版
5065　上海市市政公用废旧金属物资处置合同　上海市 2006 版
5088　上海市超市（大型综合超市）肉类商品流通安全协议　上海市 2005 版
5085　上海市超市（大型综合超市）蔬菜流通安全协议　上海市 2005 版
5079　上海市超市（大型综合超市）水发水产品流通安全协议　上海市 2005 版
5113　食品（保健食品）原辅材料买卖合同　上海市 2005 版
5092　上海市房地产买卖合同　上海市 2003 版
5077　上海市医疗机构药品集中招标采购药品买卖合同　上海市 2002 版

租赁

14789　上海市共有产权保障住房供后房屋使用管理协议　上海市 2018 版
4810　上海市居住房屋租赁合同　上海市 2016 版
4913　上海市汽车租赁合同　上海市 2014 版
4932　上海市航空器融资租赁合同　上海市 2013 版
4970　上海市特卖会场地租赁合同　上海市 2011 版
4948　上海市建筑模板租赁合同　上海市 2010 版
4968　上海市建筑施工机械租赁合同　上海市 2009 版
5019　农副产品市场食用农副产品流通安全合同　上海市 2007 版
11207　公用移动通信基站设置房屋租赁合同　上海市 2007 版
5107　上海市商品交易市场进场经营合同　上海市 2006 版
5060　上海市展览场地租赁合同　上海市 2005 版
5057　上海市房屋租赁合同　商品房预租　上海市 2000 版

承揽 / 劳务 / 服务

13162　小视频委托创作合同　上海市网络视听行业协会 2018 版
10950　机动车驾驶培训服务合同　上海市 2017 版
4905　上海市视频制作合同　上海市 2015 版
11787　上海市家政服务合同　上海市 2014 版
4918　上海市园林绿化养护合同　上海市 2014 版
4945　上海市党政机关食堂餐饮服务合同　上海市 2012 版
4936　上海市地下管线跟踪测量技术服务合同　上海市 2012 版

4908 上海市养老服务合同 上海市 2012 版
4939 上海市产权交易委托合同 上海市 2011 版
5017 上海市殡葬代理服务合同 上海市 2011 版
4946 上海市美发美容、沐浴行业预付费消费卡买卖合同 上海市 2011 版
4991 上海市搬场 / 搬家服务合同 上海市 2009 版
4983 上海市橱柜定作合同 上海市 2009 版
4978 上海市空调系统清洗服务合同 上海市 2009 版
4975 上海市电脑维修服务合同 上海市 2008 版
5005 上海市汽车维修合同 上海市 2007 版
4987 上海市婚礼庆典服务合同 上海市 2006 版
5007 上海市纪实摄影服务合同 上海市 2006 版
5003 上海市纪实摄像服务合同 上海市 2006 版
5117 技术咨询合同 上海市 2003 版
5076 上海市餐厨垃圾收运（处置）服务合同 上海市 2002 版
5068 上海市建筑物清洗保洁合同 上海市 2002 版
4994 旧机动车委托（购买）合同 上海市 2002 版
5021 上海市其他用盐委托经营合同 上海市 2001 版

中介、居间推广、行纪

14786 房地产经纪合同 上海市 2007 版
5000 旧机动车委托（出售）合同 上海市 2002 版

知识产权

13164 视频版权许可合同 上海市网络视听行业协会 2018 版
13163 视频版权转让合同 上海市网络视听行业协会 2018 版

担保

14785 定金合同 出售 供商品房预订时使用 上海市 2007 版
14784 定金合同 预售 供商品房预订时使用 上海市 2007 版

特许经营

4904 上海市商业特许经营合同　上海市 2013 版

房地产开发运营

14788 上海市共有产权保障住房买卖合同　上海市 2018 版
11022 共有产权保障住房出售合同　上海市 2018 版
11016 共有产权保障住房预售合同　上海市 2018 版
14658 物业服务合同　上海市 2016 版
14657 前期物业服务合同　上海市 2016 版
12043 业主大会议事规则　上海市 2015 版
13372 住宅小区管理规约　上海市 2015 版
13371 专项维修资金管理规约　上海市 2015 版
8250 上海市建筑信息模型技术应用咨询服务合同　上海市 2015 版
13370 临时管理规约　上海市 2015 版
4940 上海市党政机关物业管理服务合同　上海市 2012 版
4941 上海市室内设计合同　上海市 2011 版
5105 上海市建设工程施工图设计文件审查合同　上海市 2010 版
4960 上海市行政机关物业管理服务合同　上海市 2010 版
4962 上海市经济适用住房出售合同　上海市 2009 年版
4963 上海市经济适用住房预售合同　上海市 2009 版
14783 上海市房地产买卖合同　资金监管版　上海市 2007 版
14782 房地产交割监管合同　上海市 2007 版
14780 上海市国有土地使用权出让合同　上海市 2007 版

建设工程

4880 上海市分布式光伏发电项目安装运维服务合同　上海市 2016 版
4930 上海市采暖安装施工合同　上海市 2016 版
4914 上海市节能改造服务合同　上海市 2014 版
4827 上海市家庭居室装饰装修施工合同　上海市 2014 版
4820 上海市室内装饰工程委托监理合同　上海市 2014 版

4927 上海市建设工程检测合同 上海市 2013 版
11790 上海市消防工程施工合同 上海市 2009 版
5084 上海市园林绿化建设工程施工合同 上海市 2007 版
4995 上海市建设工程施工合同 上海市 2004 版
5012 上海市新建住宅通信配套合同 上海市 2004 版
5096 上海市家用中央空调系统安装合同 上海市 2003 版

软件、IT、游戏开发运营

4937 上海市网络交易平台经营服务合同 上海市 2013 版
11592 上海市数字证书服务协议 上海市 2010 版
5051 上海市互联网收费电子邮箱服务合同 上海市 2006 版
5112 上海市计算机软件开发合同 上海市 2003 版
5001 上海市计算机信息系统集成合同 上海市 2003 版
5004 技术服务合同 上海市 2003 版

物流运输

5056 民用航空货运代理合同 上海市 2004 版

公用事业

4935 上海市非居民用户管道燃气供用气合同 上海市 2014 版
4950 上海市居民管道燃气供用气合同 上海市 2012 版
5101 临时供用电合同 上海电力公司版
5093 高压供用电合同 上海市
5029 低压供用电合同 100KW 及以上 上海市

农业林业承包经营

4924 上海市农村土地承包经营权流转合同 上海市 2016 版

广告营销、展览赞助

5040 上海市户外广告发布合同 上海市 2007 版
5033 上海市电视广播广告发布合同 上海市 2007 版

5027 上海市报刊广告发布合同 上海市 2007 版

旅游

4899 上海市邮轮旅游合同 上海市 2015 版

4886 上海市出境旅游合同 上海市 2013 版

4882 上海市境内旅游合同 上海市 2013 版

11580 上海市国内旅游合同 上海市 2009 版

天津市

买卖转让

12412 建材商品买卖合同 天津市 2017 版

12413 存量房屋买卖协议 天津市 2017 版

12426 商品房预定协议 天津市 2013 版

12424 经济适用住房买卖合同 天津市 2011 版

租赁

12422 公共租赁住房租赁合同 天津市 2013 版

12423 公共租赁住房租赁合同 廉租住房实物配租补贴类 天津市 2013 版

12420 房屋转租合同 天津市

12421 房屋租赁合同 天津市

承揽 / 劳务 / 服务

12411 家居定制商品合同 天津市 2017 版

12429 皮革护理合同 天津市 2016 版

12410 电梯维护保养服务合同 天津市 2015 版

12031 美容美发预付费服务合同 天津市 2011 版

12034 农家院旅游服务合同 天津市 2011 版

11287 天津市婚纱摄影服务合同 天津市 2011 版

12419 房屋安全鉴定委托书 天津市 2010 版

13282 婚姻介绍服务合同 天津市 2008 版

中介、居间推广、行纪

12415 房地产经纪服务合同 房产承购 天津市 2011 版
12416 房地产经纪服务合同 房产出售 天津市 2011 版
12417 房地产经纪服务合同 房屋承租 天津市 2011 版
12418 房地产经纪服务合同 房屋出租 天津市 2011 版

建设工程

13417 天津市建设工程施工合同 天津市 2017 版
14635 天津市小型建设工程施工合同 天津市 2001 版

其他

13418 天津市住宅装饰装修工程施工合同 天津市 2017 版
12073 电信业服务合同 天津市 2015 版

重庆市

10047 重庆市建筑钢筋加工配送合同 重庆市 2017 版
12745 重庆市“市内游”合同 重庆市 2017 版
11187 汽车租赁合同 重庆市 2014 版
5274 商标注册申请代理合同 重庆市 2013 版
13797 劳动合同 出租汽车行业 重庆市 2012 版
11092 房屋买卖合同 重庆市 2011 版
12033 重庆市供用水合同 重庆市 2008 版
11744 重庆市水利水电土建工程施工合同 重庆市 2005 版
9123 重庆市 PPP 通行协议指导文本
5273 重庆市房屋租赁合同 重庆市
5272 重庆市“一日游”合同 重庆市

广西壮族自治区

13836 广西壮族自治区药品集中采购购销合同 广西壮族自治区 2017 版
14081 运动员职业转换过渡期协议书 广西壮族自治区 2015 版
11849 广西壮族自治区农村土地承包经营权流转合同 广西壮族自治区 2010 版

11849 广西壮族壮族自治区农村土地承包经营权流转合同 广西壮族自治区 2010 版
4400 娱乐餐饮行业劳动合同书 广西壮族自治区 2010 版
4457 采掘行业劳动合同书 采掘行业 广西壮族自治区 2010 版

南宁市

10050 南宁市房屋建筑和市政工程施工电子招标文件范本 南宁市 2017 版

北海市

14144 劳动合同 北海市 2018 版
14143 劳动合同 简单表格版 北海市 2018 版

内蒙古自治区

13835 医疗卫生机构医药产品廉洁购销合同 内蒙古自治区 2014 版

西藏自治区

11942 企业工资集体合同 西藏自治区 2014 版

新疆维吾尔自治区

乌鲁木齐市

12028 乌鲁木齐市机动车驾驶培训合同 乌鲁木齐市版

河北省

12142 汽车租赁合同 河北省 2017 版
12141 技术咨询合同 河北省 2017 版
12140 技术服务合同 河北省 2017 版
12139 承揽合同 河北省 2017 版
11185 保障性住房租赁合同 河北省 2014 版
11785 家政服务合同 河北省 2012 版
13848 劳动合同书 适用全日制单位 河北省 2008 版
12145 前期物业服务合同 河北省 2004 版

山东省

14146 山东省住房租赁合同 山东省 2018 版
5149 山东省二手房买卖合同 自行成交版 山东省 2015 版
5137 山东省房地产经纪服务合同 山东省 2015 版
5155 山东省二手房买卖合同 经纪成交版 山东省 2015 版
5162 山东省新建商品房买卖合同 现售 山东省 2015 版
5370 山东省新建商品房买卖合同 预售 山东省 2015 版
5154 山东省婚礼庆典服务合同 山东省 2013 版
11655 建筑消防设施维修保养合同 山东省 2011 版
11206 行政事业单位国有房屋租赁合同 山东省 2011 版
11205 行政事业单位仪器设备租赁合同 山东省 2011 版
11196 山东省行政事业单位土地使用权租赁合同 山东省 2011 版
11873 山东省农村土地承包经营权转让合同 山东省 2009 版
11871 农村土地承包经营权出租合同 山东省 2009 版
11870 山东省农村土地承包经营权转包合同 山东省 2009 版
11526 山东省国内旅游合同 山东省 2009 版
11872 山东省农村土地承包经营权互换合同 山东省 2009 版
11874 农村土地承包经营权入股（股份合作）合同 山东省 2009 版

东营市

13852 东营市职工劳动合同 东营市 2018 版

烟台市

14695 政府引导基金银行托管协议 烟台市
14696 政府引导基金委托管理协议 烟台市
14697 政府引导基金（有限合伙）合伙协议 烟台市

青岛市

10986 木门买卖合同 青岛市 2015 版
12243 青岛市企业劳动规章制度 青岛市 2014 版

12234 劳务派遣协议 青岛市 2013 版
12238 劳动合同 青岛市 2013 版
11312 房屋租赁合同 自行成交版 青岛市 2010 版

济宁市

13761 二手车买卖合同 济宁市 2018 版
13764 汽车买卖合同 济宁市 2015 版

临沂市

13657 业主大会议事规则 临沂市 2016 版

辽宁省

5334 辽宁省旅游包车客运合同 辽宁省 2015 版
5340 辽宁省住宅室内装饰装修工程施工合同 辽宁省 2013 版
5336 辽宁省物业服务合同 辽宁省 2011 版
5208 辽宁省商品房屋租赁合同 辽宁省 2011 版
5316 辽宁省公共租赁住房租赁合同 辽宁省 2011 版
5322 辽宁省汽车维修合同 辽宁省 2009 版
5326 辽宁省建设工程石材供料合同 辽宁省 2008 版
5330 辽宁省预拌（商品）混凝土买卖合同 辽宁省 2008 版
5364 辽宁省委托拍卖合同 辽宁省 2008 版
5314 辽宁省混凝土外加剂买卖合同 辽宁省 2008 版
5325 辽宁省委托养殖合同 辽宁省 2008 版

沈阳市

11075 超市商品购销合同 沈阳市 2009 版

黑龙江省

买卖转让

5284 黑龙江省家具买卖合同 黑龙江省 2012 版

5262 垦区农作物种苗买卖合同 黑龙江省

租赁

13683 黑龙江省房屋租赁合同 黑龙江省 2018 版

房地产开发运营

5259 黑龙江省城市规划技术服务委托合同 黑龙江省 2013 版
5257 黑龙江省城市规划设计合同 黑龙江省 2013 版
5253 黑龙江省国有建设用地使用权出让合同 黑龙江省 2008 版

建设工程

5379 家庭室内装饰装修工程施工合同 黑龙江省 2012 版
5368 黑龙江省建设工程施工劳务分包合同 黑龙江省 2012 版
5270 黑龙江省建设工程施工专业分包合同 黑龙江省 2012 版
5338 黑龙江省建设工程施工合同 黑龙江省 2012 版
5343 黑龙江省建设工程施工专业分包合同 黑龙江省 2012 版

其他

5246 黑龙江省绿色食品商标使用许可合同 黑龙江省 2016 版
5268 黑龙江省婚庆礼仪服务合同 黑龙江省 2013 版
5290 城市非居民供用热合同 黑龙江省 2011 版
5351 城市居民供用热合同 黑龙江省 2011 版
5279 黑龙江省一日游和乡村民俗游合同 黑龙江省 2011 版
5372 拍卖成交确认书 黑龙江省 2009 版
5373 委托拍卖合同 黑龙江省 2009 版
5392 股权转让合同书 黑龙江省 2003 版
5382 产权转让合同书 黑龙江省 2003 版

哈尔滨市

13644 哈尔滨市预付款消费卡服务合同

黑河市

5260 黑河市种子繁殖制种收购合同

牡丹江市

5256 牡丹江市肥料买卖合同
5265 牡丹江市农作物种子买卖合同

吉林省

13838 吉林省室内装饰装修工程施工合同　吉林省 2018 版
5358 吉林省医疗卫生机构基本药物集中采购药品购销合同　吉林省 2011 版
11869 吉林省农村土地承包经营权转包（出租）合同　吉林省 2010 版
11867 吉林省农村土地承包经营权入股合同　吉林省 2010 版

甘肃省

4396 甘肃省劳动合同　甘肃省 2010 版

河南省

13756 住房租赁合同　河南省 2017 版

洛阳市

12355 商品房买卖合同　预售　洛阳市 2016 版
12350 商品房买卖合同　现售　洛阳市 2016 版
12358 住房租赁合同　洛阳市 2016 版

江苏省

买卖转让

13831 江苏省医疗卫生机构药品购销合同　江苏省 2018 版
5124 江苏省汽车买卖合同　江苏省 2008 版
5308 江苏省人防工程防护设备产品买卖合同　江苏省 2006 版
12232 农药买卖合同　江苏省 2005 版

12260 江苏省农作物种子买卖合同 江苏省 2005 版
5143 超市（商场）食品采购合同 江苏省 2004 版
5132 江苏省无公害蔬菜买卖合同 江苏省 2004 版
5126 江苏省医疗机构集中招标采购药品买卖合同 江苏省 2004 版

租赁

5139 江苏省商品交易市场设施租赁、管理服务合同 江苏省 2008 版
5116 江苏省市场食品放心工程责任合同 江苏省 2005 版

承揽 / 劳务 / 服务

12183 江苏省家政服务合同 中介制 江苏省 2016 版
12164 江苏省家政服务合同 派遣制 江苏省 2016 版
5148 江苏省家政服务合同 员工制 江苏省 2015 版
5309 江苏省测绘地理信息服务合同 江苏省 2014 版
5307 江苏省美容美发健身行业预付费式消费合同 江苏省 2012 版
5147 建筑消防设施维修保养合同 江苏省

中介、居间推广、行纪

13834 江苏省房地产（买受）经纪服务合同 江苏省 2017 版
13861 江苏省存量房买卖居间合同 江苏省 2017 版
13862 江苏省房屋租赁居间合同 江苏省 2017 版
12167 拍卖业委托拍卖合同 江苏省 2006 版

房地产开发运营

14654 江苏省住宅物业委托服务合同 江苏省 2018 版

建设工程

5304 江苏省住宅装饰装修工程施工合同 江苏省 2016 版
12349 室内装饰工程施工合同 江苏省

体育赛事

14078 试训运动员协议书 江苏省 2016 版

14080 江苏省优秀运动员聘用合同书 江苏省 2016 版

公用事业

14599 江苏电网公司（输（配）电公司）、售电公司、电力市场化零售用户三方购售电合同 江苏省 2017 版

12163 售电公司与电力用户购售电合同 江苏省 2017 版

12161 电力用户与发电企业直接交易及电网企业输配电服务三方合同 江苏省 2016 版

农业林业承包经营

5313 江苏省农村土地承包经营权流转合同 江苏省 2016 版

5244 集体林权流转合同 江苏省 2015 版

5248 集体林地承包合同 江苏省 2015 版

广告营销、展览赞助

12199 江苏省户外广告发布合同 江苏省 2013 版

12214 江苏省电视广播广告发布合同 江苏省 2013 版

12213 江苏省报刊广告发布合同 江苏省 2013 版

旅游

5129 江苏省国内旅游合同 江苏省 2002 版

5134 江苏省出境旅游合同 江苏省 2001 版

其他

13854 江苏省商标委托代理合同 江苏省 2018 版

13857 江苏省居民生活供用水合同 江苏省 2018 版

11861 农资加盟连锁合同 江苏省 2016 版

12796 江苏省基金会章程 江苏省 2014 版

9045 江苏省集体合同格式文本 江苏省 2008 版

5145 建筑消防设施检测合同 江苏省

南京市

买卖转让

12182 建设工程预拌混凝土供应合同 南京市 2017 版
12227 高淳县固城镇蘑菇生产订单收购合同 南京市 2013 版
12976 粮食买卖合同 南京市 2013 版
12974 电子产品采购合同 南京市 2011 版
12977 江宁区瓜果菜收购合同 南京市 2010 版
12986 钢材买卖（订货）合同 南京市 2008 版
12980 浦口区苗木购销合同 南京市 2008 版
12991 南京市汽车买卖合同 新车销售 南京市 2007 版
12229 建邺区农副产品购销合同 南京市 2007 版

其他

12971 南京市房屋租赁合同 经纪机构版 南京市 2017 版
13640 南京市住宅区业主大会议事规则 南京市 2017 版
12970 南京市房屋租赁合同 自行交易版 南京市 2017 版
12975 商品交易市场设施租赁、管理服务合同 南京市 2011 版
11940 企业工资集体合同 南京市 2011 版
12978 江宁区婚纱摄影服务合同 南京市 2010 版
12979 房屋承租中介合同 南京市 2009 版
12981 市场商铺租赁合同 南京市 2008 版
12992 南京市供水合同 南京市 2007 版

徐州市

12067 宴席服务合同 徐州市 2014 版
11893 房地产买卖居间合同 徐州市 2011 版
11812 房屋租赁居间合同 居间成交版 徐州市 2011 版
11824 徐州市美容美发、健身行业预付费消费卡合同 徐州市 2011 版

常州市

12159 商品房买卖合同 常州市 2017 版
12160 非住宅房屋租赁合同 常州市 2012 版
12158 房地产估价委托合同 常州市 2006 版

苏州市

14651 政府投资项目委托代建合同 苏州市 2018 版
13639 苏州市业主大会议事规则 苏州市 2018 版
14642 苏州市政府投资项目委托代建合同（试行） 苏州市 2017 版

湖北省

14772 湖北省住房租赁合同 湖北省 2018 版
13632 管理规约 湖北省 2017 版
13634 业主委员会工作规则 湖北省 2017 版
12964 物业服务合同 湖北省 2017 版
12146 前期物业服务合同 湖北省 2017 版
13633 业主大会议事规则 湖北省 2017 版
11915 森林资源流转合同 湖北省 2015 版
11917 集体林地承包合同 湖北省 2015 版
12147 农村土地承包经营权流转合同 湖北省 2013 版
5182 湖北省网络购销合同 湖北省 2013 版
5189 湖北省旅游包车合同 湖北省 2013 版
5183 湖北省二手车买卖合同 湖北省 2013 版
12038 国内旅游合同 湖北省 2009 版
5180 婚礼庆典服务合同 湖北省
5203 湖北省汽车维修合同 湖北省
5205 湖北省房地产经纪服务合同 房产出售 湖北省
5177 湖北省家具买卖合同 湖北省
5188 湖北省汽车租赁合同 湖北省
5178 美容美发业预付消费合同 湖北省

5207 湖北省农产品订单（买卖）合同 湖北省

武汉市

14733 存量房买卖合同 武汉市 2018 版
14734 存量房（买卖）居间合同 武汉市 2018 版
14154 人防停车位租赁合同 武汉市 2018 版
11896 武汉市前期物业服务合同 武汉市 2014 版
12032 订餐服务合同 武汉市 2013 版
11806 武汉市教育培训服务合同 武汉市 2011 版

湖南省

12149 湖南省房屋建筑工程施工图审查服务合同 湖南省 2017 版
12150 湖南省市政基础设施工程施工图审查服务合同 湖南省 2017 版
13754 湖南省病死畜禽无害化处理 PPP 项目合同 湖南省 2017 版
12148 采用 BIM 技术建筑工程方案设计招标文件 湖南省 2016 版
12151 建设工程施工合同 湖南省 2014 版

常德市

13732 葡萄收购合同 常德市 2018 版
13740 农业养殖技术服务合同 常德市 2018 版
13739 农业种植技术服务合同 常德市 2018 版
13724 农村土地承包经营权流转合同 常德市 2018 版
13741 农（副）产品运输合同 常德市 2018 版
13736 农药买卖合同 常德市 2018 版
13735 化肥买卖合同 常德市 2018 版
13727 禽畜产品订单合同 常德市 2018 版
13725 水产品订单合同 常德市 2018 版
13734 蔬菜收购合同 常德市 2018 版
13733 食用菌收购合同 常德市 2018 版
13731 柑桔收购合同 常德市 2018 版
13730 茶叶收购合同 常德市 2018 版

13728　农（副）产品订单合同　常德市 2018 版
13726　农（副）产品购销合同　常德市 2018 版
13737　农作物种子购销合同　常德市 2018 版
13738　农业机械作业服务合同　常德市 2018 版

江西省

买卖转让

10983　汽车买卖合同　江西省 2015 版
12402　二手车买卖合同　江西省 2010 版
13427　二手车销售合同　江西省 2010 版
11080　二手车收购合同　江西省 2010 版
12403　二手车委托收购合同　江西省 2010 版
13438　化肥买卖合同　江西省 2006 版
13435　家禽买卖合同　江西省 2006 版
13434　羊买卖合同　江西省 2006 版
13433　牛买卖合同　江西省 2006 版
13441　水产品买卖合同　江西省 2006 版
13442　蔬菜买卖合同　江西省 2006 版
13437　棉花买卖合同　江西省 2006 版
13436　农副产品买卖合同　江西省 2006 版
13431　农副产品订单合同　江西省 2006 版
13443　水果买卖合同　江西省 2006 版
13440　木材（毛竹、木炭）买卖合同　江西省 2006 版
13432　禽蛋买卖合同　江西省 2006 版
13439　农药买卖合同　江西省 2006 版

其他

13833　江西省房地产（出卖）经纪服务合同　江西省 2017 版
11195　江西省汽车租赁合同　江西省 2012 版
11181　二手车委托出售合同　江西省 2010 版

13426 二手车委托拍卖合同 江西省 2010 版
4460 女职工权益保护专项集体合同 江西省 2010 版
12405 农村土地承包经营权委托流转合同 江西省 2009 版
12406 农村土地承包经营权委托流转协议 江西省 2009 版
12408 农村土地承包经营权转让合同 江西省 2009 版
12404 江西省农村土地承包经营权转包（出租）合同 江西省 2009 版
12409 农村土地承包经营权互换合同 江西省 2009 版
12407 农村土地承包经营权入股合同 江西省 2009 版
13429 江西省国内旅游合同 江西省 2004 版

南昌市

14644 融资代建合同 南昌市 2010 版

抚州市

12181 白莲种植订购合同 抚州市 2011 版

赣州市

14652 政府投资建设项目委托代建合同书 赣州市 2015 版

浙江省

13843 浙江省家庭居室装饰装修施工合同 浙江省 2018 版
13774 商品房买卖合同 现售 浙江省 2018 版
13770 商品房买卖合同 预售 浙江省 2018 版
13365 浙江省二手房买卖合同 浙江省 2018 版
13366 浙江省住房租赁合同 浙江省 2018 版
13687 浙江省养老机构服务合同 浙江省 2017 版
5292 浙江省电梯日常维护保养合同 浙江省 2016 版
5291 浙江省电梯委托使用管理合同 浙江省 2016 版
11828 浙江省汽车维修合同 浙江省 2015 版
11892 浙江省林权互换合同 浙江省 2013 版
11895 浙江省林权转让合同 浙江省 2013 版

11698 浙江省出境旅游合同 浙江省 2013 版
11648 浙江省赴台湾地区旅游合同 浙江省 2013 版
11738 浙江省境内旅游合同 浙江省 2013 版
11721 机动车驾驶培训合同 浙江省 2013 版
11819 司法鉴定协议书 浙江省 2011 版
11889 浙江省商品房预售资金监管协议书 浙江省 2010 版
14653 政府投资项目委托代建合同 浙江省 2009 版

杭州市

担保

11761 小额贷款公司质押合同 杭州市 2008 版
11747 小额贷款公司最高额质押合同 杭州市 2008 版
11733 小额贷款公司最高额抵押合同 杭州市 2008 版
11723 小额贷款公司最高额保证合同 杭州市 2008 版
11274 小额贷款抵押合同 杭州市 2008 版
11249 小额贷款保证合同 杭州市 2008 版

房地产开发运营

13688 临时管理规约 建设单位制定 杭州市 2014 版
13691 业主大会议事规则 杭州市 2014 版
13690 物业小区管理规约 杭州市 2014 版

其他

13722 教育培训合同 详细版 杭州市 2018 版
13721 杭州市职业技能培训合同 杭州市 2018 版
13720 教育培训合同 简洁版 杭州市 2018 版
8383 杭州市户用屋顶并网光伏发电系统销售安装服务合同 征求意见稿 杭州市 2017 版
11382 杭州市出境旅游合同 杭州市 2013 版
11390 杭州市境内旅游合同 杭州市 2013 版

11375 杭州市“一日游”旅游合同 杭州市 2013 版
11034 房屋转让合同 杭州市 2013 版
12794 民办中小学校章程参考样本 杭州市 2013 版
12930 小额贷款借款合同 杭州市 2008 版
11743 小额贷款公司最高额借款合同 杭州市 2008 版
11710 小额贷款公司综合授信合同 杭州市 2008 版

宁波市

12030 出国（境）旅游合同 宁波市 2009 版
12029 国内旅游合同 宁波市 2009 版

广东省

买卖转让

12255 广东省二手车买卖合同 广东省 2016 版
12333 广东省化肥（农药）买卖合同 广东省 2015 版
5160 广东省生鲜牛奶购销合同 广东省 2008 版
5136 广东省农作物种子买卖合同 广东省
5175 广东省水产品养殖订购合同 广东省
5174 广东省禽、畜委托养殖合同 广东省
5152 广东省甘蔗种植订购合同 广东省
5140 广东省花卉订购合同 广东省
5144 广东省果菜订购合同 广东省
5159 广东省茶青订购合同 广东省
5192 广东省化肥（农药）买卖合同 广东省

其他

9007 “珠江人才计划”引进领军人才合同书 广东省 2017 版
13679 行业协会章程示范文本 广东省 2016 版
5214 广东省城市供水用水合同 广东省 2016 版
8671 广东省社会团体章程 广东省 2016 版

9003 广东省简易劳动合同 广东省 2016 版
9004 广东省企业集体合同 广东省 2015 版
5209 委托拍卖合同 广东省 2015 版
5212 广东省经营性公墓墓位使用合同 租赁墓位 广东省 2015 版
5213 广东省民办殡仪服务机构服务合同 广东省 2015 版
5133 广东省工衣制服与布草洗涤服务合同 广东省 2014 版
11288 房地产经纪服务合同 房屋买卖 广东省 2014 版
11313 房地产经纪服务合同 房屋租赁 广东省 2014 版
4388 广东省职工劳动合同 广东省 2010 版
14083 广东省优秀运动员聘用合同书 广东省 2009 版
5315 广东省林地流转合同 广东省
5142 广东省林地承包合同 广东省
5190 广东省农村土地承包经营权流转合同 广东省
5179 广东省室内装饰装修工程施工合同 广东省

广州市

买卖转让

13295 广州市校服采购合同 广州市 2017 版
13332 广州市网络商品交易（B2C）合同 广州市 2015 版
13324 广州市肥料买卖合同 广州市 2014 版
13327 广州市龟类委托养殖合同 广州市 2014 版
13330 广州市仙草（凉粉草）种植收购合同 广州市 2014 版
13316 广州市二手车买卖合同 广州市 2014 版
13325 广州市蜂产品买卖合同 广州市 2014 版
13329 广州市水产品买卖合同 广州市 2014 版
13328 广州市莲藕买卖合同 广州市 2014 版
13312 广州市水果买卖合同 广州市 2013 版
13311 广州市蔬菜买卖合同 广州市 2013 版
13304 广州市番薯买卖合同 广州市 2013 版

12339 茶叶买卖合同 广州市 2013 版
13302 广州市家具买卖合同 广州市 2013 版
13306 广州市服装买卖合同 广州市 2013 版
12257 广州市存量房买卖合同 广州市 2010 版
12344 拍卖成交确认书 广州市 2010 版

租赁

13294 广州市市场场地租赁合同 广州市 2018 版
13293 广州市农贸（肉菜）市场档位租赁合同 广州市 2018 版
13317 柜台租赁经营合同 广州市 2013 版
10952 住房租赁合同 广州市 2017 版

承揽 / 劳务 / 服务

13335 广州市电梯日常维护保养合同 广州市 2014 版
14646 Design Agreement 委任设计人协议 广州市 2014 版
13314 广州市母婴护理（月嫂）服务合同 A 广州市 2013 版
13875 广州市母婴护理（月嫂）服务合同 B 广州市 2013 版
13315 广州市家政服务合同 广州市 2013 版
13301 广州市衣物洗涤（非议价）服务合同 广州市 2013 版
13299 广州市衣物洗涤（议价）服务合同 广州市 2013 版
12341 委托拍卖合同 广州市 2009 版

中介、居间推广、行纪

11919 房屋买卖中介服务合同 买方委托版 广州市 2014 版
11918 房屋买卖中介服务合同 卖方委托版 广州市 2014 版
11277 房地产中介服务合同 广州市 2010 版

房地产开发运营

14797 广州市前期物业服务合同 广州市 2018 版
12338 广州市（新建小区）用户共用用水设施维护合同 广州市 2015 版
12337 广州市（物管小区）用户共用用水设施维护合同 广州市 2015 版

12335 广州市（单体楼）用户共用用水设施维护合同 广州市 2015 版
14648 政府招商引资协议书 广州市 2014 版
14645 建设工程项目委托代建合同 广州市 2014 版
14649 项目建议书编制合同 广州市 2014 版
13338 广州市住宅室内装饰装修设计合同 广州市 2012 版
13349 广州市商品房买卖合同 一手房现售 广州市 2009 版
13350 广州市商品房买卖合同 预售 广州市 2009 版

建设工程

8387 广州市供水用水设施连接合同 广州市 2017 版
11336 广州市供水用水设施连接合同 广州市 2015 版
12081 广州市住宅室内装饰装修工程施工合同 广州市 2014 版
14798 广州市房屋建筑和市政基础设施工程劳务分包合同 广州市 2012 版
13337 广州市房屋建筑和市政基础设施工程劳务分包合同 广州市 2012 版

金融保险证券期货

14647 旧村全面改造复建安置资金监管协议 广州市 2014 版

软件、IT、游戏开发运营

13333 广州市网络交易平台经营服务合同 广州市 2015 版

公用事业

13331 广州市城市（居民）供水用水合同 广州市 2015 版
12068 广州市（非居民）城市供水用水合同 广州市 2015 版

农业林业承包经营

11078 农村土地流转合同 广州市 2009 版

广告营销、展览赞助

13313 广州市展销会参展合同 广州市 2013 版

旅游

11779 广州市出境旅游组团合同 广州市 2014 版
11780 广州市国内旅游组团合同 广州市 2014 版

河源市

12790 民办非企业单位（个体）章程 河源市 2016 版

佛山市

13723 佛山市房屋租赁经纪服务合同 佛山市 2018 版
13363 佛山市房屋租赁合同 非住宅 佛山市 2018 版
13364 佛山市房屋租赁合同 住宅 佛山市 2017 版

深圳市

10094 居间服务协议必备条款指引 深圳市互联网金融协会 2017 版
14781 深圳市工程监测合同 深圳市 2017 版
14779 深圳市岩土工程设计合同 深圳市 2017 版
14769 深圳市行政机关聘任制公务员聘任合同书 深圳市 2008 版
14776 深圳市建设工程勘察合同 深圳市 2017 版
13918 深圳市建设工程项目管理服务合同 深圳市 2015 版
10988 二手车买卖合同 深圳市 2014 版
10987 装饰建材买卖合同 深圳市 2014 版
11799 深圳市小型装饰装修工程施工合同 深圳市 2014 版
4461 深圳市集体劳动合同 深圳市 2010 版
8872 深圳市二手房预约买卖及居间服务合同 四方协议 深圳市 2008 版
11818 平面设计作品委托合同 深圳市 2007 版

阳江市

14636 阳江高新区小型建设工程施工合同 阳江市 2015 版

云南省

12436 农作物种子代销合同 云南省 2018 版

12433 农资产品买卖合同 云南省 2018 版
12434 种植订购合同 云南省 2018 版
12432 豆类种植收购合同 云南省 2018 版
12437 水果买卖合同 云南省 2018 版
12431 茶叶买卖合同 云南省 2018 版
12435 农业种植产销合同 云南省 2018 版
14381 云南省旅行社单项委托合同 云南省 2017 版
14383 云南省接待旅行社服务质量告知书 云南省 2017 版
14655 电力市场化交易授权委托协议书 云南省 2017 版
14382 云南省境内组团社与地接社合同 云南省 2017 版
14376 云南省境内旅游合同 云南省内旅游用 云南省 2017 版
14378 云南省出境旅游合同 云南省 2017 版
14377 云南省境内旅游合同 云南省外旅游用 云南省 2017 版
11825 云南省旅游标准合同 出境包价旅游合同 云南省 2013 年版

福建省

14606 福建省电力零售市场购售电合同 福建省 2018 版
14605 福建省电力零售市场供电合同 福建省 2018 版
14604 福建省电力直接交易三方合同 福建省 2018 版
12133 公共建筑节能改造项目合同能源管理合同 福建省 2016 版
11069 人防工程防护设备产品销售安装合同 福建省 2014 版
11072 人防工程过滤吸收器销售合同 福建省 2014 版
13395 福建省物业服务合同 福建省 2011 版
13394 福建省前期物业服务合同 福建省 2011 版
5165 福建省商标事务代理委托合同 福建省 2009 版
5166 福建省硬件设备维护服务合同 福建省 2008 版
5422 存量房买卖居间服务合同 福建省 2008 版
5429 福建省农作物种子买卖合同 福建省 2008 版
5431 福建省农作物种植基地预约生产购销合同 福建省 2008 版
5158 福建省网络运行维护服务合同 福建省 2008 版

5157 福建省软件系统维护服务合同 福建省 2008 版
5156 福建省数据库运行维护服务合同 福建省 2008 版
5424 存量房买卖合同 无中介 福建省 2008 版
5226 福建省商品房买卖合同 福建省 2007 版
5306 福建省拍卖成交确认书 福建省 2005 版
13662 行业协会商会章程 福建省 2018 版
13661 基金会章程 福建省 2018 版
13660 民办非企业单位章程 福建省 2018 版
13659 社会团体章程 福建省 2018 版
12797 福建省民办学校章程主要事项范本 试行 福建省

福州市

12792 福州市民办学校章程范本 福州市 2009 版

海南省

9670 海南省商品房买卖合同 征求意见稿 海南省 2017 版
14770 海南省导服公司导游服务合同书 海南省 2017 版
14771 海南省兼职导游服务费结算协议书 海南省 2017 版
13717 商品房买卖合同 海南省 2017 版
11784 海南省单项旅游服务委托合同 海南省 2014 版
11088 海南省旅行社与餐厅餐饮预订合同 海南省 2014 版
12076 海南省旅行社与旅馆客房预订合同 海南省 2014 版
14764 海南省旅游委托招徕合同 海南省 2014 版
11935 海南省导游人员劳务合同书 海南省 2014 版
11936 海南省旅行社导游人员劳动合同书 海南省 2014 版
12075 海南省特种旅游预订合同 海南省 2014 版
12077 海南省旅行社与景区门票预订合同 海南省 2014 版
12078 境内旅游组团社与地接社合同 海南省 2014 版
11782 居民赴台湾地区旅游合同 海南省 2014 版
11783 海南省出境旅游合同 海南省 2014 版

12079 “一日游”旅游合同 海南省 2014 版
11781 海南省境内旅游合同 海南省 2014 版
11813 国内旅游委托合同 海南省 2010 版
11352 海南省国内旅游合同 海南省 2010 版

山西省

11290 房屋租赁合同 山西省 2017 版
12265 山西省家政服务合同 山西省 2015 版
12035 二手车行纪合同 山西省 2007 版

四川省

买卖转让

12360 商品房买卖合同 四川省 2015 版
11888 商品房买卖合同 预售 四川省 2015 版
12363 商品房认购书 四川省 2009 版
14195 蚕茧订购合同 四川省 2009 版
11074 存量房买卖合同 四川省 2007 版
14194 榨菜种植产销合同 四川省
14160 茶叶种植产销合同 四川省

租赁

12359 个人房屋租赁合同 四川省 2015 版
5288 四川省公共租赁住房租赁合同 四川省 2011 版
11193 建筑周转材料租赁合同 四川省
11194 建筑施工机械租赁合同 四川省

承揽 / 劳务 / 服务

5360 四川省测绘地理信息服务合同 四川省 2016 版
12400 测绘地理信息服务合同 四川省 2016 版
9883 四川省普通高等学校毕业生就业协议书 四川省 2010 版

5332 四川省婚礼庆典服务合同 四川省 2008 版

担保

12396 总承包商付款（分包）委托保证合同 试行 四川省 2009 版
12394 业主支付委托保证合同 试行 四川省 2009 版
12393 投标委托保证合同 试行 四川省 2009 版
12390 承包商履约委托保证合同 试行 四川省 2009 版
12398 总承包商付款（供货）委托保证合同 试行 四川省 2009 版

房地产开发运营

11487 前期物业服务合同 四川省 2012 版
12388 前期物业服务合同 四川省 2012 版

公用事业

13780 售电公司与电力用户购售电合同 四川省 2018 版
13779 电力交易中心电力用户与发电企业年度双边交易购售电合同 四川省 2018 版
13781 售电公司与发电企业年度双边交易购售电合同 四川省 2018 版
5362 四川省居民生活供用电合同 四川省 2013 版
5283 四川省城市二次供用水合同 四川省 2012 版
5285 四川省城市供用水合同 四川省 2012 版

农业林业承包经营

13785 农村土地承包经营权互换合同 四川省 2010 版
13784 农村土地承包经营权委托流转协议 四川省 2010 版
13783 农村土地承包经营权转包 / 出租合同 四川省 2010 版
13782 农村土地承包经营权转让合同 四川省 2010 版
13786 农村土地承包经营权股份合作合同 四川省 2010 版

其他

5367 四川省机动车驾驶员培训合同 四川省 2012 版

11885 房屋委托合同 四川省 2007 版
5275 四川省公益事业捐赠合同 四川省

成都市

12027 物业服务合同 试行 成都市 2014 版
8787 成都市汽车买卖合同 指导试行本 成都市 2013 版
14196 成都市家庭清洁（保洁）合同 成都市
14163 成都市保姆（钟点工）服务合同 成都市
14221 辣椒订购合同 指导试行文本 成都市

广元市

13787 林地经营权流转合同 广元市 2017 版
14601 广元市旅游购物、自费项目协议 广元市 2015 版
14600 广元市自驾车旅游服务合同 广元市 2015 版

陕西省

11938 简易劳动合同 陕西省 2017 版
11539 建设工程施工合同 陕西省 2007 版
12280 外国专家来华工作许可示范文本 陕西省 2015 版
11502 人防工程施工合同 陕西省 2010 版

西安市

12791 西安市学校章程 西安市 2012 版

贵州省

14726 农村土地承包经营权入股流转合同 贵州省 2018 版
13680 贵州省境内旅游合同 贵州省 2017 版
5228 贵州省农村土地承包经营权委托流转合同 贵州省 2010 版
5251 贵州省农村土地承包经营权转让合同 贵州省 2010 版
5233 贵州省农村土地承包经营权转包（出租）合同 贵州省 2010 版
5255 贵州省商品房买卖合同 贵州省 2010 版

5250 贵州省农村土地承包经营权互换合同 贵州省 2010 版

安徽省

13625 安徽省农村土地承包经营权流转合同 安徽省 2017 版
12125 安徽省农村土地承包经营权流转合同 征求意见稿 安徽省 2017 版
12131 居民供用电合同 安徽省 2017 版
11252 电信业服务协议 安徽省 2017 版
12127 拍卖活动前（后）期备案登记表及委托拍卖合同 安徽省 2016 版
11000 茶叶买卖合同 安徽省 2014 版
10991 酒买卖合同 安徽省 2014 版
12126 委托拍卖合同及拍卖成交确认书 安徽省 2013 版
11283 安徽省旅游服务合同 安徽省 2010 版
4377 农民工合同范本 安徽省 2010 版
9041 安徽省采掘业简易劳动合同 安徽省 2009 版
9040 安徽省建筑业简易劳动合同 安徽省 2009 版
9039 安徽省餐饮业简易劳动合同 安徽省 2009 版
9043 安徽省劳动合同 非全日制用工使用
9042 安徽省劳动合同书 全日制用工使用

合肥市

13849 集体合同 合肥市 2017 版
13695 合肥市房屋租赁合同 合肥市 2017 版
12036 项目物业服务合同 合肥市 2012 版
12037 项目前期物业服务合同 合肥市 2012 版

芜湖市

14729 房地产经纪服务合同 芜湖市 2018 版
14730 房地产（出卖）经纪服务合同 芜湖市 2018 版
14731 房屋租赁合同 芜湖市 2018 版

铜陵市

12130 二手房买卖合同 铜陵市 2016 版
12128 房屋租赁合同 铜陵市 2016 版
12129 商品房买卖合同 铜陵市 2000 版

安庆市

12132 重大招商引资项目合同 安庆市 2014 版

中国合同分类法说明

1. 简介

中国合同分类法（以下简称分类法），是对合同及法律文书、条款、合同相关知识进行分类、整理、查找的一套体系，以对合同类文本的整理分类为主。

2. 目的

中国合同分类法的根本目的，是帮助法律工作者更便捷、有效的查找、使用合同及法律文书范本，进而提升中国社会合同水平。

3. 体系构成

3.1　中国合同分类法体系由下列要素构成：

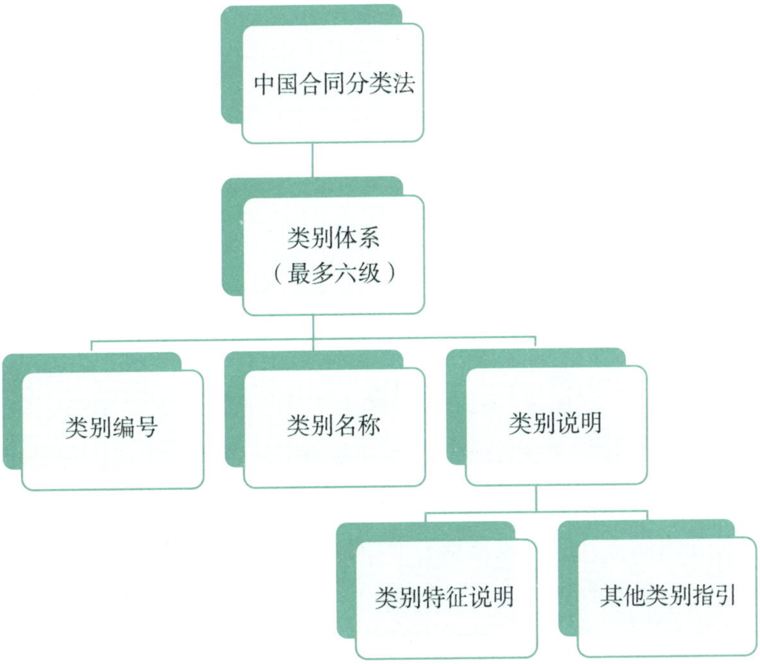

示例：

B 常见法律关系——第一级

　25　劳动用工——第二级

　　25.1　劳动合同（含人事聘用合同）——第三级

25.1.5　劳动合同补充配套文本——第四级

25.1.5.1　劳动合同变更、续签——第五级

类别体系：由最多六级的类别组成的分类体系。

类别编号：该类别对应的固定编号，例如，"劳动合同（含人事聘用合同）"的编号为 25.1，在中国合同库（www.fatianshi.cn）中，可直接通过编号迅速定位到该类别。

类别说明：包括类别特征说明（对该类别文本的主要特征进行的说明）、其他类别指引（用于指引用户查找与本类别相关、但未包含在本类别中的其他类别文本）。部分类别没有类别说明。

3.2　中国合同库中的合同及法律文书、知识点、审查清单、条款等均整合归类到分类法体系中。

3.3　中国合同分类法一级类别包括：

A 公司（设立、股权、融资、管理）

B 常见法律关系

C 特定行业、特定业务

D 法律文书（律师文书）

K 通用合同知识（无文本）

上述类别中，ABCD 四类为中国合同分类法主体，K 类为中国合同分类法的附属类别，其中不含合同文本，是对合同知识、典型条款的整理分类。

4. 中国合同分类法的分类规则

4.1　总体原则、出发点：法律工作者可利用中国合同分类法，为特定交易或法律事务，高效、准确的查询、使用适合的合同、法律文书。为此，该类别所包含的文本，应与该类别所对应的交易（法律事务）尽量吻合，包括法律关系、交易类型、文本繁简程度。

4.2　所针对文本：适用中华人民共和国法律（不含港澳台）的合同、法律文书，不适合其他法域范围内的合同、法律文书。

（参考 5 中国合同库收录文本范围）

4.3　分类法是对合同、法律文书的分类，不是对法律关系、业务类型的分类。例如，上市公司定向增发与公开增发股票，从业务角度讲都是上市公司融资的方式，但从文本的角度，前者有定向增发认购合同［归于"2.2.3.2 股份公司设立、

转让、增资－股份（股权）交易、融资－上市公司－定向增发”]，后者直接相关的法律文书是律师出具的“法律意见书”（归于“88.2.1 非诉讼、律师服务文书－法律意见书－股份公司上市”）。这两者并不并列，也不在一个大类中。

4.4 具体规则：

ⅰ. 综合参考法律关系性质、标的、文本的特点等多种规则细分类别。

ⅱ. 最底层类别中的全部文本，一般应属于同一种法律关系。

ⅲ. 主合同及补充协议、附件，有可能归于同一类别。

ⅳ. 同一法律关系下的文本，因标的、交易具体类型不同，可能分属于不同类别。

ⅴ. 对于有相关性的文本，通过“其他类别指引”予以说明引导。

ⅵ. 允许少量交叉（但尽量避免）：少量文本，同时属于几个类别（一般不超过 2 个）；少量类别，存在一定程度的交叉。

ⅶ. 允许分类适当的、不时的扩展、修订。

ⅷ. 分类级别最多六级。

4.5 中国合同分类法将根据法律实务的变化、用户反馈等，定期修订、更新。

4.6 中国合同库以在线版本为最新、最全版本。

5. 中国合同库（www.fatianshi.cn）收录文本范围

5.1 中国合同库收录的文本范围，与中国合同分类法针对的文本范围一致。

5.2 中国合同库的典型用户为法律工作者，以律师为主。

5.3 中国合同库所收录文本一般为适用中华人民共和国法律（不含港澳台）的合同文本，中文文本占绝大多数。

5.4 中国合同库所收录文本以合同为主，但不限于合同，还包括仲裁诉讼文书、律师服务文书、制度、授权、通知、声明、证明、决定、申请等文件。

5.5 如果某项文本有必要请律师、法律工作者来进行起草、填写或审核修订，则属于中国合同库收录范围。如果某项文本基本上不需要由律师、法律工作者来起草、填写或审核修订，则不属于中国合同库收录范围。

此处的“需要”，是指具有一定法律意义，有一定必要交由律师、法律工作者审核，无论当事人本人是否认为有必要或是否实际交由律师、法律工作者审核。某些文本具有法律意义，但律师、法律工作者无权参与起草、审核的，亦不在中国合同库收录之列。

5.6 中国合同库中不包括下列文本：

ⅰ. 法律法规、政策文件；

ⅱ. 由政府机关、司法机关（包括仲裁委员会）负责制作的文书。例如，司法机关制作的判决、裁定、通知、笔录等。

ⅲ. 企事业内部缺乏法律意义的内部管理制度、文件等。

5.7 下列文本属于中国合同库收录范围：

ⅰ. 各级政府机关发布的示范合同文本；

ⅱ. 当事人、律师在仲裁诉讼中需要使用到的法律文书。例如，起诉状、答辩状、申请书等。

ⅲ. 律师提供法律服务过程中形成的一些律师文书。例如，律师函、法律意见书、与客户沟通的格式文书等。

ⅳ. 不属于合同，但具有法律意义的各类文件，例如，通知、授权、证明、声明等。

ⅴ. 政府机关、司法机关提供一定格式，但需要当事人填写，具有法律意义的文件。例如，各类申请文书。但此类文书不是收录重点，未全部收录。

6. 免责声明

6.1 中国合同分类法体系不排除有不准确、缺乏依据等情形，仅为用户提供参考，分类法主办方、权利人不承担相关法律责任。

6.2 中国合同库所收录文本不排除有不合法、违法、无效、不正确等情形，仅供用户参考。用户实际使用时，应根据自身实际情形修订使用，如有必要应咨询专业律师。

6.3 任何情况下，中国合同库主办方以及文本作者、上传发布者不对使用文本而导致的任何纠纷、后果承担责任！

6.4 如中国合同库文本有侵犯知识产权、商业秘密、个人隐私等情形，请联系我们，我们将立即予以处理。

7. 著作权声明

7.1 中国合同库中的文本源于法天使专家编撰、用户上传、政府示范文本、公开渠道收集等不同渠道。文本著作权属于原作者所有（另有约定或说明的除外)。

7.2 中国合同分类法由法天使(北京)科技有限公司原创,受著作权保护,其著作权属于法天使(北京)科技有限公司。商业机构使用(包括免费供用户使用),均应先经法天使(北京)科技有限公司授权。

7.3 公益机构(学校、研究机构)出于公益性质,可免费使用,但需先经法天使(北京)科技有限公司同意。

8. 有关定义

8.1 中国合同库:一个建设、分享、传播推广合同文本、合同知识、合同标准的平台,由法天使(北京)科技有限公司所有与运营,网址为 www.fatianshi.cn。

8.2 合同或文本:中国合同库及中国合同分类法中所使用的"合同"或"文本"概念,包括合同协议、法律文书等。具体可参见"中国合同库收录文本范围"。

8.3 成套文本:多个文本形成的一套文本,一般专门用于某项法律事务,或是应用于某行业、某领域。

8.4 法律工作者:主要指律师、企业法务、法律顾问等从事法律工作的人员,其中又以律师为主。除非另有特别说明,一般未包含法官、检察官等司法人员(主要是因为法官、检察官一般不太涉及合同起草与审查工作)。

8.5 分类法:除非另有特别说明,系指中国合同分类法体系。

8.6 政府示范文本:由政府机关、事业单位、行业协会等机构发布的合同、法律文书。注意发布机关以政府机关为主,但不限于政府机关,可能包括事业单位、行业协会或其他有一定公信力的民间机构。

9. 联系反馈

欢迎向中国合同库主办机构就合同库文本、分类法等各方面提出宝贵批评、建议。
邮箱:CCD@fatianshi.cn

《中国合同库》编委会
法天使(北京)科技有限公司
2018 年 12 月

图书在版编目(CIP)数据

中国合同大全:中国合同分类法/法天使编;何力主编. --北京:法律出版社,2018
ISBN 978-7-5197-2932-5

Ⅰ.①中… Ⅱ.①法… ②何… Ⅲ.①合同法-中国
Ⅳ.①D923.6

中国版本图书馆 CIP 数据核字(2018)第 270190 号

中国合同大全:中国合同分类法
ZHONGGUO HETONG DAQUAN:
ZHONGGUO HETONG FENLEIFA

法天使 编
何 力 主编

策划编辑 朱海波 蒋 橙
责任编辑 朱海波 蒋 橙
营销编辑 徐 印
装帧设计 鲍龙卉

出版 法律出版社
总发行 中国法律图书有限公司
经销 新华书店
印刷 中煤(北京)印务有限公司
责任校对 马 丽
责任印制 吕亚莉

编辑统筹 法律应用·大众出版第二分社
开本 787 毫米×1092 毫米 1/16
印张 22.25
字数 358 千
版本 2019 年 1 月第 1 版
印次 2019 年 1 月第 1 次印刷

法律出版社/北京市丰台区莲花池西里 7 号(100073)
网址/www.lawpress.com.cn
投稿邮箱/info@lawpress.com.cn
举报维权邮箱/jbwq@lawpress.com.cn
销售热线/010-83938336
咨询电话/010-63939796

中国法律图书有限公司/北京市丰台区莲花池西里 7 号(100073)
全国各地中法图分、子公司销售电话:
统一销售客服/400-660-6393
第一法律书店/010-83938334/8335
西安分公司/029-85330678
重庆分公司/023-67453036
上海分公司/021-62071639/1636
深圳分公司/0755-83072995

书号:ISBN 978-7-5197-2932-5
定价:98.00 元